Teithiau Edward Llwyd

CYFROL 2
CANOLBARTH A
DEHEUBARTH CYMRU

Argraffiad cyntaf: Mai 2000

ⓑ *awduron/Gwasg Carreg Gwalch*

Rhif Llyfr Safonol Rhyngwladol:
0-86381-621-5

Cyhoeddwyd gyda chydweithrediad Cymdeithas Edward Llwyd

Cynllun clawr: Alan Jôs

Argraffwyd a chyhoeddwyd gan Wasg Carreg Gwalch,
12 Iard yr Orsaf, Llanrwst, Dyffryn Conwy, LL26 0EH.
☎ *01492 642031*
🖷 *01492 641502*
✆ *llyfrau@carreg-gwalch.co.uk*
Lle ar y we: www.carreg-gwalch.co.uk

TEITHIAU EDWARD LLWYD

Cyfrol 2
CANOLBARTH A
DEHEUBARTH CYMRU

Cynnwys

Pam Cymdeithas Edward Llwyd?

Ar achlysur cyhoeddi ei gatalog enwog o ffosilau a mwynau, *Litholphylacii Britannici Ichnographia* yn 1699, disgrifiwyd Llwyd gan un o'i gyfeillion fel 'y naturiaethwr gorau yn awr yn Ewrop'. Ond yn ogystal ag ymddiddori mewn botaneg a daeareg, roedd Llwyd hefyd yn hynafiaethydd ac yn ieithydd o fri, ac ar ei daith bedair blynedd o gwmpas Cymru, Iwerddon, yr Alban, Cernyw a Llydaw, rhwng Mai 1697 ac Ebrill 1701, aeth ati i ddysgu'r ieithoedd Celtaidd a chasglu gwybodaeth am lên, arferion, hynafiaethau a phlanhigion y gwledydd y teithiai drwyddynt.

Pan nad oedd yn pererindota treuliodd Llwyd ei oes yn Rhydychen. Wedi cyfnod byr yn y brifysgol, ymunodd â staff Amgueddfa Ashmole. Fe'i penodwyd yn Is-geidwad yr amgueddfa yn 1687 ac yna'n Geidwad yn 1691.

Rhoddodd Llwyd, a oedd yn fab i Edward Lloyd, Llanforda, ger Croesoswallt, a Bridget Pryse, Glanffraid, Ceredigion, ei fryd ar gyhoeddi ffrwyth ei waith ymchwil. Ond *Vol. 1: Glossography* (1707) oedd yr unig gyfrol o'i *Archaeologia Britannica* a lwyddodd i'w chwblhau cyn ei farwolaeth yn 1708, flwyddyn wedi iddo gael ei ethol yn Gymrawd y Gymdeithas Frenhinol.

Beth yw arwyddocâd y logo?

Seiliwyd y cynllun ar lili'r Wyddfa, neu *Lloydia serotina*, y planhigyn arctig-alpaidd prin a enwyd ar ôl Edward

Llwyd. Roedd y planhigyn hwn yn un o blith deugain o blanhigion a ddarganfuwyd ganddo wrth grwydro mynyddoedd Eryri yn ystod haf 1688.

Gweithgareddau

Prif weithgaredd y Gymdeithas, a ffurfiwyd yng Ngorffennaf 1978, yw'r rhaglen gynhwysfawr o deithiau cerdded a gynhelir ledled Cymru ar bron bob dydd Sadwrn o'r flwyddyn. Trefnir yn flynyddol dros gant o deithiau, pob un dan ofal arweinydd sydd â diddordeb arbennig mewn gwahanol agweddau ar fyd natur a hanes Cymru.

Yn ogystal â'r teithiau poblogaidd, trefnir
- cyfarfodydd astudio, a diwrnodau gwaith sy'n rhoi cyfle i'r aelodau ymgymryd â gwaith cadwraethol ymarferol
- cyfarfodydd cymdeithasol a darlithoedd fin nos
- pabell ar faes yr Eisteddfod Genedlaethol
- Cyfarfod Blynyddol, a gynhelir yn yr hydref. Dyma gyfle i bob aelod leisio ei farn ar ddyfodol y Gymdeithas ac enwebu aelodau i wasanaethu ar y Pwyllgor Gwaith
- Mae'r Gymdeithas hefyd yn cyhoeddi Cylchlythyr ddwywaith y flwyddyn, cylchgrawn *Y Naturiaethwr* yn flynyddol, a llyfrau yng Nghyfres Enwau Creaduriaid a Phlanhigion yn achlysurol.

Mae Cymdeithas Edward Llwyd yn agored i bawb o bob oed, yn Gymry Cymraeg ac yn ddysgwyr. Nod y gymdeithas yw astudio:

- bywyd a gwaith Edward Llwyd
- planhigion, anifeiliaid, creigiau a thirffurfiau, ac amgylchedd Cymru, yn unol ag ysbryd Edward Llwyd
- ac ymgyrchu dros warchod amgylchedd ac etifeddiaeth naturiol Cymru.

Mae pob aelod yn derbyn, yn rhad ac am ddim:
- y Cylchlythyr a gyhoeddir ym mis Chwefror a mis Awst. Mae'n cynnwys manylion yr holl deithiau cerdded a chyfarfodydd eraill a gynhelir ledled Cymru drwy gydol y flwyddyn, adroddiadau am y teithiau cerdded a newyddion am weithgarwch y Gymdeithas.
- Y *Naturiaethwr*, y cylchgrawn blynyddol a gyhoeddir ym mis Mehefin a mis Tachwedd. Ynddo cyhoeddir erthyglau gwreiddiol ar destunau sy'n gydnaws â diddordebau eang Edward Llwyd.

Yn ogystal, drwy ddangos eich cerdyn aelodaeth gallwch:
- hawlio copïau o'r llyfrau yng Nghyfres Enwau Creaduriaid a Phlanhigion am bris gostyngol. Nod y llyfrau hyn yw safoni a rhestru'r enwau Cymraeg ar greaduriaid a phlanhigion
- prynu dillad a chyfarpar awyr agored am bris gostyngol yn y siopau a restrir ar y cerdyn aelodaeth.

Drwy ymaelodi â Chymdeithas Edward Llwyd byddwch yn ymuno â chymdeithas Gymraeg a chanddi farn sy'n cyfrif ar faterion amgylcheddol a chadwraethol.

Mae ffurflen ymaelodi yng nghefn y gyfrol hon.

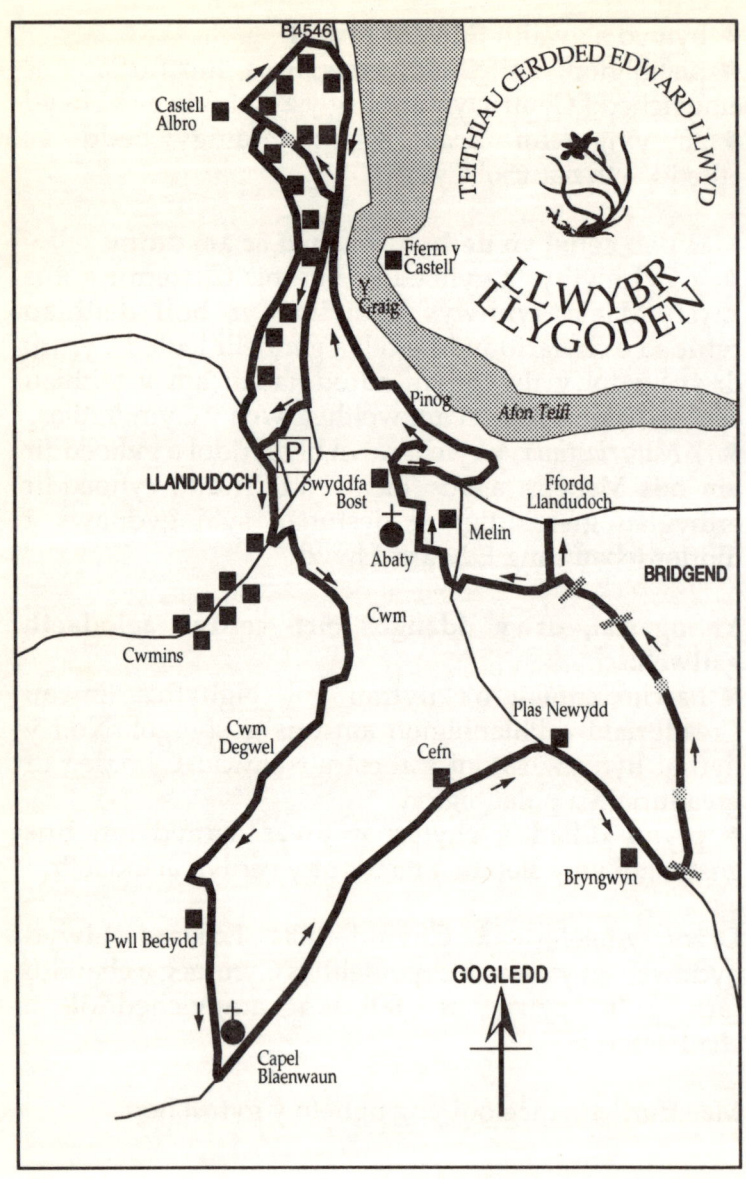

TEITHIAU CERDDED EDWARD LLWYD

LLWYBR LLYGODEN

B4546

Castell Albro

Fferm y Castell

Y Graig

Pinog

Afon Teifi

LLANDUDOCH

P

Swyddfa Bost

Ffordd Llandudoch

Melin

Abaty

BRIDGEND

Cwm

Cwmins

Plas Newydd

Cwm Degwel

Cefn

Pwll Bedydd

Bryngwyn

Capel Blaenwaun

GOGLEDD

Llwybr Llygoden, Llandudoch
yng nghwmni Jon Meirion

Hyd y daith: 8.4 cilomedr/5¹/₂ milltir

Map yr ardal: *Explorer* 198 Aberteifi a Cheinewydd (1:25,000)

Man cychwyn: Maes parcio pentref Llandudoch. 165:461 (Nod cyfeiriad map O.S. *Explorer* 198).

Sut i gyrraedd y man cychwyn: Dilynwch yr A487 o Abergwaun; yr A478 o Grymych i gyfeiriad Penblewyn; yr A487 o Aberystwyth neu yr A484 o Gastellnewydd Emlyn. Ger Pont Aberteifi trowch ar y B4546 a mynd ymlaen am filltir nes cyrraedd Llandudoch.

Lle parcio: Maes parcio yng nghanol pentref Llandudoch.

Graddfa: Taith gerdded gyfforddus yw hon gyda llwybrau a ffyrdd caled dan draed. Mae'n addas i deuluoedd. Mae Llwybr Llygoden ei hun yn gymharol serth. Rhaid cofio defnyddio'r palmentydd mewn ambell fan.

Cyfleusterau ar y daith: Toiledau cyhoeddus ar Sgwâr Halkett yn Stryd Fawr Llandudoch. Tafarn y *Ferry Inn* ym mhen pella'r pentref ar y ffordd i Poppit; y Netpŵl gyferbyn â Fferm y Castell (gyda lle picnic o flaen y dafarn); y *White Hart* ar waelod y Stryd Fawr. Tŷ bwyta Crug-y-Deri, siop sglodion, siop fwyd a Swyddfa'r Post ger y maes parcio yn y Stryd Fawr. Blwch ffôn ar Sgwâr Halkett ac yng Nglanteifion. Tŷ coffi a chaffi bychan yn y felin.

Cyfarwyddiadau cerdded:

'Beth am fynd am dro i Landoch?' Dyna gwestiwn gan Ail Symudiad yn un o'u caneuon poblogaidd.

'Pam lai,' meddwn innau, gan ysu i brofi ar droed beth o hanes a phrydferthwch y fro.

Wrth deithio'r ardal fe welwch fod pobl wedi mynd a dod o Landudoch ar hyd y canrifoedd. Seintiau, Llychlynwyr, Gwyddelod, Normaniaid, mynaich o Ffrainc, beirdd, tywysogion, pererinion, morwyr, oll wedi gadael eu hanes a'u hôl yma.

Cyfeirir at Landudoch yn aml fel pentref mwyaf Cymru ac yn sicr mae'n un o'r rhai prydferthaf. Saif ar lannau afon Teifi, filltir yn nes i'r môr na thref Aberteifi a gwelir ei derasau o dai gwynion yn glynu wrth y llethrau megis rhyw Sorrento neu Amalfi Cymreig!

Mae'r enwau Tudoch a Dogmael a roddwyd i'r lle yn Gymraeg a Saesneg yn anghyffredin a diddorol. Ffurf anwes ar yr enw Dogmael yw Tudoch ac fe'i gwelir mewn dogfennau eglwysig cynnar. Enw cyfansawdd yw Dogmael a gwreiddiau Lladin iddo – 'Dog' o'r gair *'Doctus'* (gwybodus) a 'Mael' ('gwaith' neu 'fetel'). Ei ystyr felly yw 'crefftwr gwybodus'. Roedd Dogmael yn fab i Ithel ap Ceredig ap Cunedda Wledig ac yn gysylltiedig ag un o dri llwyth seintiau Cymru. Ei fam-gu oedd Meleri, gwraig Ceredig. Diddorol hefyd yw nodi bod Gwawl, gwraig Cunedda, yn ferch i Coel Godebog, awdur y gân *'Old King Cole was a merry old soul . . .'*.

Trowch i mewn i'r maes parcio newydd. Mae wedi ei orchuddio â tharmac glân ac mae digon o le ynddo i ddwsinau o gerbydau. Cerddwch allan drwy'r brif fynedfa a throwch i'r chwith gan fynd heibio Swyddfa'r Post a'r siop sglodion yr ochr arall i'r stryd lle medrwch brynu taflen *Llwybrau Llandudoch*. Cerddwch i lawr ar balmant y brif ffordd tuag at Dafarn yr Hydd Gwyn, a drws nesaf fe welwch dŷ mawr gwyn, Yr Hen Fans, lle cyfansoddodd y Parchedig Gomer Roberts ei emyn enwog i blant:

Mae'r Arglwydd yn cofio y dryw yn y drain,
Ei lygaid sy'n gwylio y wennol a'r brain,
Nid oes un aderyn yn dioddef un cam,
Na gwcw, na bronfraith, na'r robin goch gam.

Cafodd weledigaeth wedi gweld yr adar mân yn chwilio am fwyd ar fore barugog wrth iddo fwyta ei greision brecwast. Uwchben y Mans mae Capel Seion (M.C.). Mae'r festri a'r tŷ capel bellach yn fflatiau.

Ewch ymlaen tuag at iard masnachwyr Jewsons. Erbyn hyn byddwch wedi croesi afon Degwel sy'n llifo o dan y ffordd ac yn ddiarwybod i chi byddwch yn ôl yng Ngheredigion. Trowch i'r chwith a dilynwch fynegbyst Llwybr y Pinog tuag at lannau afon Teifi ac fe ddewch yn ôl i sir Benfro unwaith eto.

Daw arogl gwymon yr heli i'ch ffroenau. I'r dde fe welwch dref Aberteifi yn y pellter ac amryw gychod yn dawnsio ar y tonnau dan chwip yr awel. Mae blaen y cychod bob amser yn cyfeirio i gyfeiriad y lli. Os yw'r dyfroedd ar drai mae amryw o welyau mwd gwastad ar ddwy ochr yr afon ac ar eu cyfyl medrwch weld hwyaid a gwyddau gwylltion, elyrch, gwylanod, brain, jac-y-do a phiod y môr. Yn ystod y blynyddoedd diwethaf gwelwyd dau ymwelydd anarferol iawn yma – y fflamingo *(Phoenicopterus ruber)* ac ibis sgleiniog *(Plegadis falcinellus)*. Barn ornitholegwyr lleol a chenedlaethol oedd mai adar a ddihangodd o erddi swolegol oeddent, ond waeth o ba le bynnag y daethant, creodd y ddau ddiddordeb mawr yn ystod eu harhosiad.

O'ch blaen fe welwch byllau pysgota enwog Bois y Sân, sef Pwll Wil y Gof a'r Rhipyn Coch ac yn y pellter mae rhes o goed trwchus yn tyfu ger y dyfroedd. I'r chwith mae afon Teifi yn culhau cyn diflannu'n sydyn i'r dde ar ei ffordd i'r aber.

Mae'r llwybr caled o raean a cherrig wedi ei baratoi'n dda wrth iddo ymdroelli rhwng y brwyn, y borfa a'r coed deri, ynn a chyll. Byddwch yn croesi nant fechan sy'n cario dŵr o gynllun adfer y tirlithriad enwog a drawodd bentref Llandudoch yn 1994. Yna mae'r tir yn codi'n sydyn ac fe ddewch allan i Forfa'r Netpŵl o flaen y dafarn, gyda chlwstwr o goed pinwydd ar y chwith. Mae'r borfa wedi ei thorri'n gymen ac arni seddau a bordydd picnic, a pholion lle sychid y rhwydi pysgota gynt. O'ch blaen ar y chwith mae academi'r pentref lle bu T.H. Evans yn brifathro. (Ef a fu'n actio'r Parchedig Eli Jenkins, y cymeriad enwog yn *Under Milk Wood* yng nghynhyrchiad radio'r BBC gyda Richard Burton, Sian Phillips ac eraill.)

Islaw a thu hwnt i'r eithin a'r llwyni isel mae Pwll y Castell, y dyfnaf o byllau'r afon a'r un a geisid fwyaf ar fore Llun wrth i'r pysgotwyr dynnu cerrig rhifedig (un i chwech) o'r sach. Rhoddai hyn gyfle i bob cwch bysgota ym mhob pwll yn eu tro – yn enwedig Pwll y

Castell, y mwyaf cynhyrchiol ohonynt. Byddai'r pysgotwyr yn symud o un pwll i'r llall yn ystod yr wythnos. Gwerthid peth o'r cynhaeaf yn lleol ond danfonwyd y mwyafrif o'r eogiaid a'r brithyllod eraill ar y *Cardi Bach* o orsaf Aberteifi i Paddington, neu yn ddiweddarach ar y trên cyflym o Gaerfyrddin i farchnadoedd Llundain.

Mae geirfa arbennig gan Bysgotwyr y Sân:

ergyd – tafliad cyntaf y rhwyd i'r dwfn. Teflir y rhwyd dros ochr dde y cwch bob amser.

llestri sân – cychod pysgota

cymryd shot – dewis carreg rifedig i weld pa bwll y pysgotir ynddo

pen bwrw – lle cedwir y llestri sân

rhwyd got, rhwyd nesa'r got, rhwyd ganol, rhwyd fastwn – enwau ar rannau o'r rhwyd

bastynnwr – y pysgotwr lleiaf profiadol sy'n aros ar y lan.

Roedd gan y pysgotwyr siarter arbennig a oedd yn eiddo i Gymdeithas Sân Llandudoch. Ei ddiben oedd i roi trefn a disgyblaeth i'r dull o bysgota a gosod rheolau pendant wrth ddosbarthu, gwerthu'r cynnyrch a rhannu'r elw.

Mae'r tymor pysgota yn ymestyn o Fawrth y 1af tan Awst yr 31ain a rhaid i'r rhwyd fod o batrwm arbennig (4 modfedd ar ei letraws a heb fod yn llai na 2 fodfedd o gwlwm i gwlwm.) Rhaid i'r rhwyd fod yn llai na 200 troedfedd a hyd at 12 troedfedd o ddyfnder. Nid oedd gan neb hawl i bysgota o chwech o'r gloch fore Sadwrn tan hanner dydd ar ddydd Llun. Yn 1603 cofnododd George Owen hanes helfa fawr o bysgod mewn rhwyd llusg. Yn 1884 roedd 62 o lestri sân ar yr afon; 13 yn 1959; 6 yn 1976 ac yn 1999 dim ond un cwch oedd ar ôl.

Y pysgod a ddelid gan y rhwydi oedd eog *(Salmo Salar Linnaeus)* a brithyll y môr neu sewin *(Salmo Trutta Linnaeus)*. Deuai heidiau o sgadan *(Clupea Harengus Linnaeus)* i mewn i ddyfroedd bas y bae ar ddechrau'r gaeaf ond defnyddid rhwyd wahanol i ddal y rhain.

Gyferbyn â'r Morfa mae Fferm y Castell ar safle Din Geraint – castell tomen a beili Normanaidd a chastell cyntaf Aberteifi. Saif ar gnwcyn creigiog ac mae wedi ei amddiffyn yn naturiol ar dair ochr gan dro yr afon.

Wrth gerdded ar draws y Morfa tuag at Lwybr y Graig fe welwch safle arbennig islaw ynghanol gardd o lwyni rhosod gwylltion a choed ysgaw. Dyma Garreg y Fendith. Mae grisiau diogel yn arwain i lawr i'r safle. Dyma sylwadau am y lle a welir ar hysbysfwrdd arbennig:

Credir i'r garreg hon gael ei defnyddio yn y cyfnod cyn-Gristnogol ac mae'n debygol iddi fod yn Faen Capan ar gromlech. Credai'r bobl ym modolaeth 'enaid yr afon' a ymddangosai ar ffurf pysgodyn. Yn ddiweddarach, pan drigai mynachod yn Abaty Llandudoch, deuai'r Abad i sefyll ar y garreg ar ddechrau'r tymor pysgota i fendithio'r cychod pysgota lleol. Caiff ei galw'n Garreg Ateb – oherwydd os sefwch arni a gweiddi cewch glywed adlais yn dychwelyd ar draws yr afon.

Creaduriaid ofergoelus iawn yw pysgotwyr. Er bod yr offeiriad wedi derbyn y pysgodyn cyntaf yn y tymor newydd yn rhodd, roedd gweld offeiriad ar lannau'r afon yn anlwcus iawn. (Defnyddid geiriau cyfoes o'r hen weddi *Rituale Romanum* yn ystod y seremoni.)

Rai blynyddoedd yn ôl, atgyfodais y ddefod o fendithio'r afon a chyfansoddais emyn i'w ganu ger Carreg y Fendith ar Fawrth y 1af. Dyma rai penillion (i'w canu ar y dôn *'Siant Troyte'*):

Bendithia Duw, y dyfroedd hyn
A dreigla lawr dros ddôl a bryn,
A boed llewyrch ei chynnyrch hi
O'r tarddiad pell i donnau'r lli.

Ger Din Geraint ar grib y gwynt
Bu pader dwys y mynach gynt,
Gweddïwn ni am 'ergyd' braf
Trwy wanwyn gwyrdd a glesni haf.

Dan rym eu greddf a chynneddf sawr
Dychwela'r pysg o'r cefnfor mawr,
Arianlliw, chwim, trwy lif ple syrth
I'r graean mân a'r newydd wyrth.

Ewch ymlaen ar lwybr concrid y graig dan ganopi hardd o goed cyll a deri. Ar y dde mae weier netin yn ganllaw gref rhyngoch a'r llethr serth a'r afon islaw. Mae hen goed deri cnotiog yn tyfu ar y naill ochr a'r llall ac wrth i'r haul dywynnu rhwng y canghennau ar ddiwrnod braf, byddant yn ymgrymu'n bendefigaidd i'r fam afon.

Ymhen hanner milltir dewch allan eto i'r B4546 sy'n arwain i draeth Poppit. Croeswch y ffordd at y palmant diogel ar yr ochr chwith a cherddwch i lawr tan i chi ddod at arwydd Maes y Dre a Phentre Llangwm, a throwch i'r chwith. Wedi cerdded am 30 medr, trowch i'r dde a cherdded heibio i dai teras Maes y Dre gan anelu at arwydd llwybr cyhoeddus ym mhen draw'r stryd. Dringwch dros gamfa goncrid a cherdded am 100 medr drwy lwybr y chwarel (a all fod yn wlyb ar brydiau) nes dod at iet mochyn a heol lydan. O'ch blaen mae afon Tifon. I'r chwith mae adeilad hen wercws Castell Albro ac i'r dde mae'r hewl yn dirwyn i lawr i Lanteifion ac afon Teifi. Medrwch weld yr hen wercws yn glir. Mae ganddo gysylltiad â therfysg Beca a'r ifaciwîs adeg yr Ail Ryfel Byd. Ei enwogrwydd pennaf yw'r rhesi o gelloedd ble lletywyd crwydriaid dros nos a'u tâl am lety ac uwd i frecwast oedd torri cerrig a'u gollwng dros wagr arbennig i ffurfio pentwr teilwng o flaen y gell. Mae sawl criw ffilm a theledu wedi defnyddio'r adeilad wrth baratoi cynhyrchiadau amrywiol. Rhaid cael caniatâd oddi wrth y perchennog (sy'n byw yno) cyn ymweld â'r rhannau hanesyddol. Sylwch ar simneiau addurnedig yr hen wercws a adeiladwyd o friciau celyd Ton-du. Wrth edrych ar yr adeilad daw rhan o bennill y Parchedig Jacob Davies i Hitler i'r cof:

Bedyddiwyd e'n Adolf a Hitler
Dau enw ar ôl ei dad-cu,
Hen filwr a'i enaid ddim ynddo –
A chalon fel bricen Ton-du.

Wedi cyrraedd y mur cerrig llydan yng Nglanteifion fe welwch blas Bryn-y-Môr yr ochr draw i'r afon. Yn ôl yr hanes, ymwelodd Lady Hamilton, 'meistres' yr Arglwydd Horatio Nelson â'r lle. Ar y bryniau uwchlaw gwelir caeau tatws cynnar y Gwbert a phentref y Ferwig. Ar y chwith, mewn cae cyfagos, mae gwinllan Dwylan. Bydd y ffrwyth gwinwydd yn cael ei ddanfon i Gaerdydd ac yn ymddangos fel gwin gwyn o gyfuniad sych dan y label *Pant Teg*.

Wedi troi i'r dde cerddwch ar y palmant heibio i Dafarn y Fferi a Chapel Degwel yr Annibynwyr (a godwyd yn 1828 ac a ailadeiladwyd yn 1877). Yna, wrth nesu at Faes Hyfryd (stad o dai cyngor), gyferbyn â'r ail bolyn trydan fe welwch agoriad cul i Lwybr Llygoden gyda mynegbyst. Mae hwn yn llwybr cul, serth a throellog, fel yr awgryma ei enw, ond mae'n gwbl ddiogel er bod eisiau digon o egni i'w gerdded cyn cyrraedd uchelderau'r ffordd sy'n arwain i Drewyddel. (Rhan o sbri bechgyn y pentref slawer dydd oedd ei esgyn ar foto-beic.) Yma mae Llwybr Pentre Llangwm yn ymuno â Llwybr Llygoden. Mae modd defnyddio hwn o Faes y Dre pe na baech eisiau dringo Llwybr Llygoden. Trowch i'r chwith a chewch olygfa ysbrydoledig dros bentref Llandudoch, tref Aberteifi, Banc y Warrin (tybed ai hwn oedd Gorsedd Arberth yng nghainc gyntaf y *Mabinogi*?), esgeiriau tywodlyd Pen-parc, yr abaty a chlytwaith lliwgar o gaeau amryliw. Ewch i lawr nes cyrraedd tro cam tuag yn ôl. Dilynwch y ffordd i'r chwith ac ymhen 20 medr trowch i'r dde. Wedi dringo darn serth o'r ffordd ewch yn eich blaen am 20 medr cyn dod i fforch yn y ffordd.

Cymerwch y ffordd i'r dde ac ymhen 30 medr arall fe ddewch at ddechrau Llwybr Pencwm. Bydd yr hanner milltir nesaf yn eich arwain yn uchel uwchben Cwm Degwel ac fe ddewch allan i Fedyddfan (awyr agored) Blaenwaun. Ymhen chwarter milltir ar y ffordd dar fe ddewch at gapel enwog Blaenwaun. Dechreuwyd achos y Bedyddwyr yma yn Rhos Gerdd yn 1706 (adfail ydyw bellach yn y cwm tawel gerllaw) ac fe adeiladwyd y capel cyntaf yn 1745. Codwyd y llofft yn 1777 ond fe'i hailadeiladwyd yn 1795. Mewn llythrennau breision Saesneg ar ei dalcen nodir bod yr adeilad presennol yno er 1885. Gan fod y capel ychydig y tu allan i'r pentref, codwyd chwaer-eglwys Bethsaida yn agos i sgwâr y pentref. Cynhelid y cyfarfodydd cyntaf yn Nhy'r Bont neu'r Storws. Rhaid nodi mai'r un aelodau sy'n mynychu ordeiniadau ym Mlaenwaun a'r gwasanaethau hwyrol ym Methsaida. Un o weinidogion enwocaf Blaenwaun oedd y Parchedig Titus Lewis a rannai ei fugeiliaeth rhwng Capel y Porth Tywyll, Caerfyrddin a Llandudoch. Teithiai ar gefn ceffyl ac un o'r emynau enwocaf a gyfansoddodd yw 'Mawr oedd Crist yn Nhragwyddoleb'. Tybed faint ohonom sy'n cofio'r Parchedig John Thomas a oedd hefyd yn weinidog yno?

Cerddwch oddi amgylch y fynwent a heibio hen stabal a thŷ hers sydd nawr yn ystafell y Festri Fach, ac wrth dalcen uchaf y capel fe welwch ddechrau Llwybr Cefn. (Gall hwn fod yn wlyb iawn ar brydiau yn y gaeaf.) Wedi cerdded am dri chwarter milltir fe ddewch allan i Longdown Bank, neu Ffordd Llunden i roi iddo ei enw gwreiddiol. Roedd pob hewl brysur yn arwain i Lunden yn ôl yr hen goel! Trowch i'r dde a cherdded am chwarter milltir ar hyd hewl darmac, a throi i'r chwith ger yr arwydd nesaf. Mae tair camfa i'w croesi ar y llwybr porfa cyn dod allan ar Ffordd y Mwtshwr. Yn lle mynd ymlaen ar ran olaf y llwybr i'r Feidr, ewch ymlaen ar Ffordd y Mwtshwr i'w therfyn, a throwch i'r dde ac yna i'r chwith. Gyda hyn fe ddewch at fodurdy enwog B.V. Rees a'r ficerdy o'ch blaen – yn pwyso ar fur pellaf y ficerdy mae asgwrn gên morfil a gludwyd o wlad bell gan forwr lleol ar ddec ei long – yna wrth droi'r gornel fe ddewch at lyn y felin ar y dde ac Abaty Llandudoch ar y chwith. Mae'r felin yn cynhyrchu blawd cyflawn ac mae tŷ coffi lle medrwch flasu bara, pice ar y ma'n a chacennau blasus wedi'u pobi yno.

Tua 1115, dan nawdd Robert Fitzmartin, Arglwydd Cemais ac yn sgil castell Normanaidd Din Geraint, adeiladwyd clas Celtaidd fel cangen o Abaty Tiron, Ffrainc gan ddeuddeg mynach o'r urdd a berthynai i'r Benedictiaid. Eto, mae sôn ym *Mrut y Tywysogyon* fod Llychlynwyr wedi llosgi'r sefydliad pren i'r llawr yn 987 O.C. Adeiladwyd estyniadau ychwanegol iddo yn y ddeuddegfed ganrif, y drydedd ganrif ar ddeg a'r bedwaredd ganrif ar ddeg. Yn Swyddfa'r Post medrwch brynu llawlyfr sy'n sôn mwy am adfeilion yr abaty, megis y clwysty, corff yr eglwys, yr ysbyty, y tŷ siaptr, y ffreutur, y ceginau, y cladd-dy, y neuadd a thŷ'r Abad o fewn ei gaerau. Erbyn heddiw mae'r adfeilion a'r tir oddi amgylch dan ofal CADW ac nid oes tâl mynediad. Efallai mai'r etifeddiaeth fwyaf diddorol yw dull pysgota'r mynaich.

Oddi amgylch yr olion arferai perllannau enwog o afalau dyfu, a hyd heddiw mae'r enwau lleol unigryw ar yr afalau yn dal ar gof a chadw, megis afal shimw, afal biam, afal côt ledr, afal tân coed, afal bysedd y forwyn, afal pren glas, afal pig y deryn, afal pen gebyd, afal Lefi Michael, afal ceille'r esgob (afalau mawrion!) ac afal pig y glomen. Mae afalau pig y deryn yn rhai da i wneud seidr. Tybed a oes gysylltiad rhyngddynt ac afalau Normandi, y *Calvados* enwog, a'r mynaich a ddaeth i Landudoch?

Drws nesaf mae eglwys y plwyf, Eglwys Sant Thomas, Llandudoch. Yn ei chynteddau mae carreg Ogam enwog iawn. Câi'r garreg ei defnyddio fel pont dros nant fechan ger y ficerdy cyn iddi gael ei darganfod. Cysylltir y garreg â chwedl am un o'r mynachod gynt a gafodd berthynas â merch leol. Yn dilyn ei gosb a'r drasiedi a ddaeth i ran y ferch, dywedir i Ladi Wen ymddangos ger y garreg. O gyffwrdd y garreg ar ôl machlud haul, deuai anlwc i'w chanlyn. Arni mae'r ysgythriad Lladin '*SAGRANI FILI CUNOTAMI*' a'r ysgythriad Ogam '*SAGRANI-MAQI CYNATAMI*' (Sagranus fab Cunotamus [pennaeth lleol]). Bu'r darganfyddiad yn hanfodol bwysig i ysgolheigion ac yn sail i ddadansoddi'r wyddor wreiddiol. Yn yr eglwys gwelir darn o garreg arall a gerfiwyd i ddathlu ymweliad Gerallt Gymro. Rhaid cael caniatâd y ficer neu geidwad yr eglwys i weld y garreg.

Erbyn hyn byddwch bron â chyrraedd diwedd y daith. Gyferbyn â thalcen Swyddfa'r Post unwaith eto fe welwch ddrws bach sy'n rhan o ddrws garej llawer mwy. Gwnaethpwyd hwn i dderbyn eogiaid a ddelid yn ddirgel neu y tu allan i oriau cyfreithiol. Sleifid yr eogiaid drudfawr drwy'r twll a byddent yn disgyn i badell o wellt yr ochr arall, yn hytrach na'u bod yn cael eu cario drwy'r pentref yng ngŵydd pawb.

Mae'r daith hon yn un ddiddorol iawn, yn ddiogel ac yn sych a chaled dan draed ar ran helaethaf y ffordd, ond oherwydd ei hamryw atyniadau a'r golygfeydd gwahanol, gallech gymryd diwrnod cyfan arni ac mae croeso'r bobl leol yn bendefigaidd a chynnes bob amser. Nid rhyfedd i Gerallt Gymro ddweud ar ôl lletya ac ymborthi gyda'r Abad yn yr Abaty, 'Dyma'r eog blasusaf a brofais erioed'. Cofnododd hefyd fod afon Teifi yn llawn afancod. Er nad yw pendefig Teifi mor niferus heddiw, rwyf yn un a all ddweud â'm llaw ar fy nghalon fod Gerallt Cambrensis yn hollol ddidwyll, a phwy a ŵyr, efallai y cewch chithau yr un wefr!

Dalier sylw:
Ers paratoi'r daith uchod mae llwybrau newydd wedi cael eu hagor, gyda gatiau newydd, effeithiol. (Fe'u gwelir ar y daflen *Llwybrau Llandudoch*.) Maent yn rhedeg uwchben Llandudoch, o ben uchaf Llwybr Pencwm, trwy ffermydd Pencnwc a Bryncws ac ymlaen i gynteddau Glanteifion. Medrwch ddewis unrhyw gyfuniad o'r dewis hael o lwybrau i fwynhau'r fro hyfryd hon.

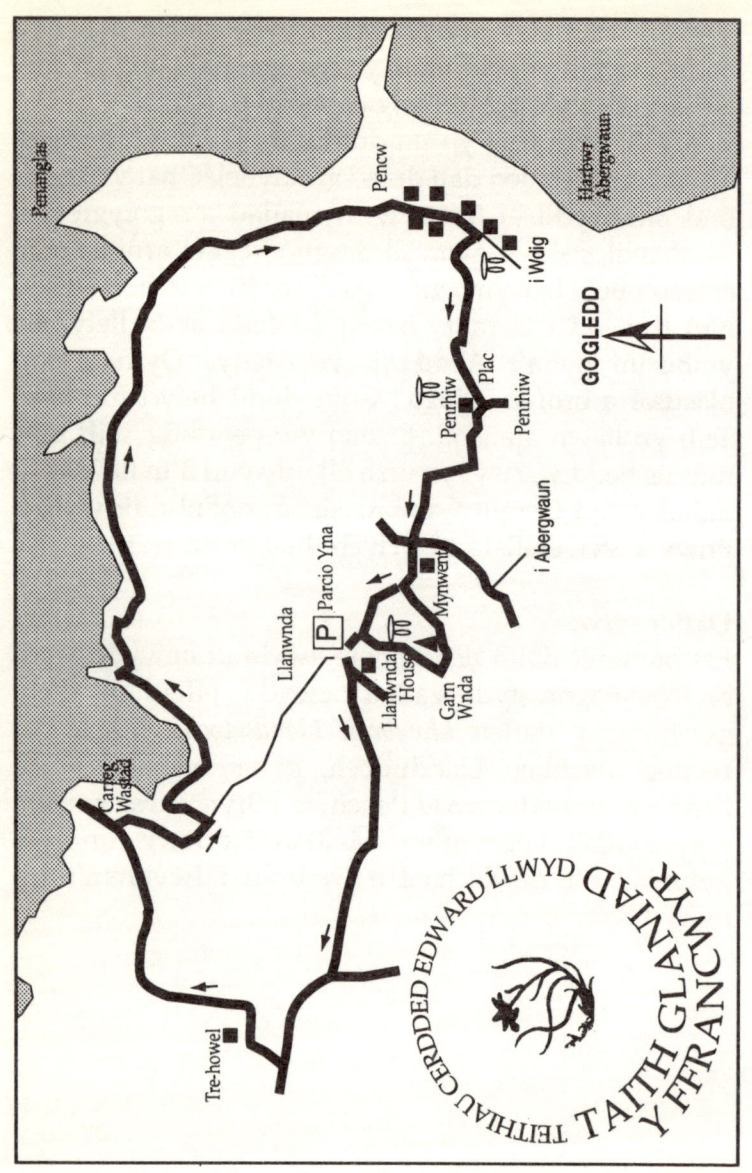

GOGLEDD

Penanglas

Pencw

i Wdig

Hartwr
Abergwaun

Plac

Penrhiw

Penrhiw

i Abergwaun

Parcio Yma

Mynwent

Llanwnda

Llanwnda
House

Garn
Wnda

Carreg
Wastad

Tre-howel

TAITH GLANNAU
Y FFRANCWR
TEITHIAU CERDDED EDWARD LLWYD

Taith Glaniad y Ffrancwyr
yng nghwmni John Lloyd Jones,
Dilys Parry a Siân Bowen

Hyd y daith: Tua 11 cilomedr/7 milltir
Map yr ardal: *Landranger* 157 (1:50,000); *Outdoor Leisure* 36 (1:25,000)
Man cychwyn: Llanwnda, Abergwaun (SN 933 395).
Sut i gyrraedd y man cychwyn: Gadewch yr A487 ar y gylchfan ger harbwr Abergwaun ac ewch drwy Wdig am tua 1¼ milltir nes gweld yr arwyddion i Lanwnda.
Lle parcio: Mae lle i barcio ar y glaswellt ar bwys Eglwys Sant Gwyndaf yng nghanol pentref bach Llanwnda.
Graddfa: Heolydd tawel sydd ar y daith hon, gyda rhai llwybrau lleidiog ar adegau. Byddwch yn tramwyo Llwybr Parc Cenedlaethol Arfordir Penfro lle mae angen gofal gyda phlant mewn rhai mannau ac fe geir ambell fan serth a grisiau.
Cyfleusterau ar y daith: Dim ar y daith ei hun ond mae digon o gyfleusterau yn Abergwaun ac Wdig.

Cyfarwyddiadau cerdded:
Ar Chwefror yr 22ain, 1797 a'r môr yn dawel, aeth si ar led fod pedair llong estron ym Mae Aberteifi. Llongau a hwyliodd o Brest oeddynt, gyda'r bwriad o lanio ym Mryste, ond oherwydd gwyntoedd anffafriol penderfynodd y criw lanio ym Mae Aberteifi. Dadlwythwyd y milwyr a'u harfau a hwyliodd y llongau yn ôl i Ffrainc. Drannoeth, pan sylweddolwyd fod tua 1400 o filwyr Ffrengig wedi glanio, bu cynnwrf

hunllefus. Dihangodd llawer o'r brodorion i chwilio am loches tra bu'r Ffrancwyr yn ysbeilo'u cartrefi. Nid milwyr cyffredin mohonynt ond troseddwyr wedi eu rhyddhau o garchardai Ffrainc ar gyfer y fenter. Credai'r arweinwyr y byddai'n oresgyniad llwyddiannus gyda'r werin dlawd o'u plaid ac yn unedig yn erbyn eu llywodraethwyr i ledaenu'r chwyldro Ffrengig i Brydain, ond nid felly y bu. Ar Chwefror 24ain, ildiodd y milwyr i'r Arglwydd Cawdor, Ystagbwll, Penfro ar draeth Wdig.

Daeth cofio dau canmlwyddiant glaniad y Ffrancwyr ag amlygrwydd pellach i'r fro yn 1997. Mae'r tapestri a bwythwyd gan ferched lleol i adrodd y stori yn enwog erbyn hyn ac i'w weld yn Abergwaun.

Ardal amaethyddol dawel yw Pen-caer heddiw ac oherwydd ei phrydferthwch naturiol mae'n denu llawer o ymwelwyr. Mae'r bywyd gwyllt sy'n cynnwys adar y môr a'r glannau, blodau'r arfordir a'r morloi yn nhymor y geni a'r magu yn yr hydref yn hudol. Y prif atyniad yw Llwybr Parc Cenedlaethol Arfordir Penfro sy'n ymestyn am 186 milltir.

Mae eglwys Llanwnda (man cychwyn eich taith) a gysegrwyd i Gwyndaf Sant, brodor o Lydaw, yn dyddio'n ôl i'r wythfed ganrif ond credir bod yma safle Gristnogol gynharach na hynny. Fe'i rhestrwyd gan CADW fel lle o ddiddordeb arbennig. Darganfuwyd saith o gerrig nadd a chroesau ac arlunwaith Cristnogol cynnar arnynt wrth adnewyddu'r adeilad yn 1881. Rhoddwyd pump ohonynt yn waliau allanol yr eglwys.

Yma y derbyniodd Asser, cyfarwyddwr Alfred Fawr, hyfforddiant yn y ffydd Gristnogol a bu Gerallt Gymro yn offeiriad yma.

Cuddiodd rhai o'r trigolion lleol yn yr eglwys hon yn ystod goresgyniad y Ffrancwyr. Ni chafodd y man cysegredig barch gan yr ysbeilwyr. Llwyddodd un ohonynt i ladrata un o lestri'r cymun ac arno'r arysgrifen anghelfydd *LANVNDA*. Wrth geisio ei werthu yng Nghaerfyrddin, tystiodd y Ffrancwr mai *LA VENDE* oedd y perchennog.

Mae gweld tair mynwent fach wedi eu walio y tu mewn i'r fynwent yn anghyffredin yn y parthau hyn. Maent o radd dau yn rhestrau CADW.

Y tu draw i'r ffordd mae Cartref a fu'n eiddo i Esgob Tyddewi ac sydd hefyd yn adeilad rhestredig gradd dau gan CADW. Sylwch ar y to sydd wedi ei orchuddio i ddiogelu'r llechi rhag grym y stormydd o'r môr. Mae toeau fel hyn yn nodweddiadol o'r fro hon.

Wrth gefnu ar yr eglwys, dilynwch yr arwydd llwybr ceffyl i'r dde drwy'r glwyd heibio Llanwnda House. Cadwch i'r dde ymhen 100 llath ar hyd lôn gul leidiog am tua milltir, nes dod at ffordd galed. Trowch i'r dde a cherdded nes cyrraedd pen lôn Tre-Howel ymhen 1/4 milltir. Tre-Howel oedd pencadlys y Cyrnol Tate, Americanwr 70 oed ac arweinydd y lluoedd Ffrengig. Cartref John Mortimer ydoedd a'r lle'n llawn bwyd a diod ar gyfer ei wledd briodas. Bu'r milwyr yn gloddesta a meddwi a chollwyd pob rheolaeth arnynt. Oherwydd y difrod derbyniwyd £130 o iawndal oddi wrth Lywodraeth Prydain yn ddiweddarach. Mae Tre-Howel a'r tai allan yn adeiladau rhestredig gradd dau gan CADW. Mae'r sied gart yn perthyn i'r ddeunawfed ganrif a chofiwch sylwi ar y toeau sydd wedi eu gorchuddio.

Dilynwch lôn Tre-Howel, sy'n llawn briallu yn y gwanwyn, a cherddwch i'r dde drwy'r clos. Cadwch i'r chwith ac anelu'n syth am y môr. Gwelwch lwylys *(Cochlearia officinalis)* ar y cloddiau a'r ehedydd uwchben yn ystod misoedd yr haf.

Trowch i'r dde drwy'r glwyd a chamu dros y sticil nes cyrraedd pen draw'r cae. Yna ewch drwy fwlch cerrig ar y chwith, dilyn y wal gerrig am 200 llath (at yr arwydd swyddogol i wyro i'r chwith) nes cyrraedd arwyddbost Llwybr yr Arfordir a'r sticil sy'n arwain at gofeb Carreg Wastad. Codwyd y garreg hon yn 1897 i goffáu glaniad y Ffrancwyr.

Ewch yn ôl dros y sticil, troi i'r chwith ar hyd Llwybr yr Arfordir a cherdded i lawr i Gwm y Felin. Daethpwyd o hyd i fyclau a botymau oddi ar lifrau'r milwyr yma yn ddiweddar. Ewch dros y nant ac i fyny'r llechwedd serth (mae'n bosib mynd yn ôl i Lanwnda yma) ar hyd y llwybr ar y dde. Syndod yw gweld coedwig fechan o goed llydanddail yn tyfu yma ger y môr. Mae'n llecyn delfrydol uwchlaw traethau caregog i weld morloi yn ystod y cyfnod geni a magu yn yr hydref. Rhaid cerdded yn ofalus iawn yma gan fod y llwybr yn agos iawn at ddibyn. Gellir gweld gwiberod yma hefyd. Dilynwch y llwybr hwn am tua 3 milltir i Bencw. Ym Mhencw, cyn troi i'r dde i weld y siambrau claddu, oedwch i fwynhau'r olygfa. Islaw mae harbwr Abergwaun – man cychwyn y fordaith i Rosslare, Iwerddon. Ar y dde mae tref Abergwaun. Yn y bae hwn y ffilmiwyd *Moby Dick* ac *Under Milk Wood* yn y Cwm. O'ch blaen mae Ynys Dinas, Carn Ingli, Mynydd Dinas a'r Preselau yn y pellter. Trowch i'r dde, ac i'r dde eto ymhen 50 llath, yna i'r chwith ac eto i'r chwith at y fynedfa i safle tair cromlech y Garn Wen y tu ôl i'r tai. Codwyd y tair cromlech yn Oes Newydd y Cerrig. Credir mai aelodau pwysicaf y gymuned a gleddid yn y siambrau.

Dilynwch y llwybr i'r chwith ger y fynedfa i fyny'r llechwedd nes cyrraedd y lôn. Trowch i'r chwith a dal i gerdded at y ffordd galed. Yna trowch i'r dde i gyfeiriad Tŷ Cromlech a Phen-rhiw, gan edrych am blac ar y chwith ar waelod y clawdd. Plac i goffáu gorchest fawr Denys Corbett Wilson yw hwn. Fe noda'r union gae o'r lle ehedodd y peilot dros y môr i Iwerddon ar Ebrill 22ain, 1912 mewn *Bleriot XI*. Ef oedd y cyntaf i wneud hynny ac fe gymerodd y daith 100 munud i'w chwblhau. (Camp nodedig o ystyried maint yr awyren.)

Wrth nesu at Ben-rhiw fe welwch un o gromlechi llai cyfarwydd y sir ar y llechwedd mewn cae preifat ar y dde. Mae'n drawiadol iawn o'i gweld rhwng canghennau'r coed.

Wedi croesi clos Pen-rhiw, trowch i'r chwith a dal i gerdded i'r dde ar hyd y lôn bob cam i'r groesffordd, gan anwybyddu'r llwybr cyhoeddus ar y chwith yn nes ymlaen. Pan ddewch at y groesffordd, sylwch ar y groes ar un o'r cerrig cornel. Bu pedair croes yma unwaith – un ar bob cornel. Ym mhlwyf Llanwnda dywedir bod mwy o olion Celtaidd ar groesau nag mewn unrhyw blwyf arall yng Nghymru.

Dilynwch arwydd Llanwnda ac ar ôl mynd heibio i'r fynwent, trowch i'r chwith ar hyd y llwybr cyhoeddus sy'n arwain i Garn Wnda a gwyro i'r dde i gyrraedd y copa. Bu baner y Ffrancwyr yn cyhwfan yma. I'r dwyrain gwelir y Bigni lle bu Jemima Nicholas, y crydd nodedig, a rhai o ferched yr ardal yn eu siolau cochion yn cario picffyrch a cherdded o gwmpas y bryn. Credai'r Ffrancwyr fod byddin gref yn eu bygwth. Bu farw Jemima yn 1832 yn 82 oed. Mae ei charreg fedd wrth fur eglwys y plwyf yn Abergwaun. Yn llechu dan y Garn ar yr ochr ogledd-orllewinol mae cromlech arall. Oddi yno gwelwch y llwybr sy'n arwain yn ôl i lawr i bentref Llanwnda.

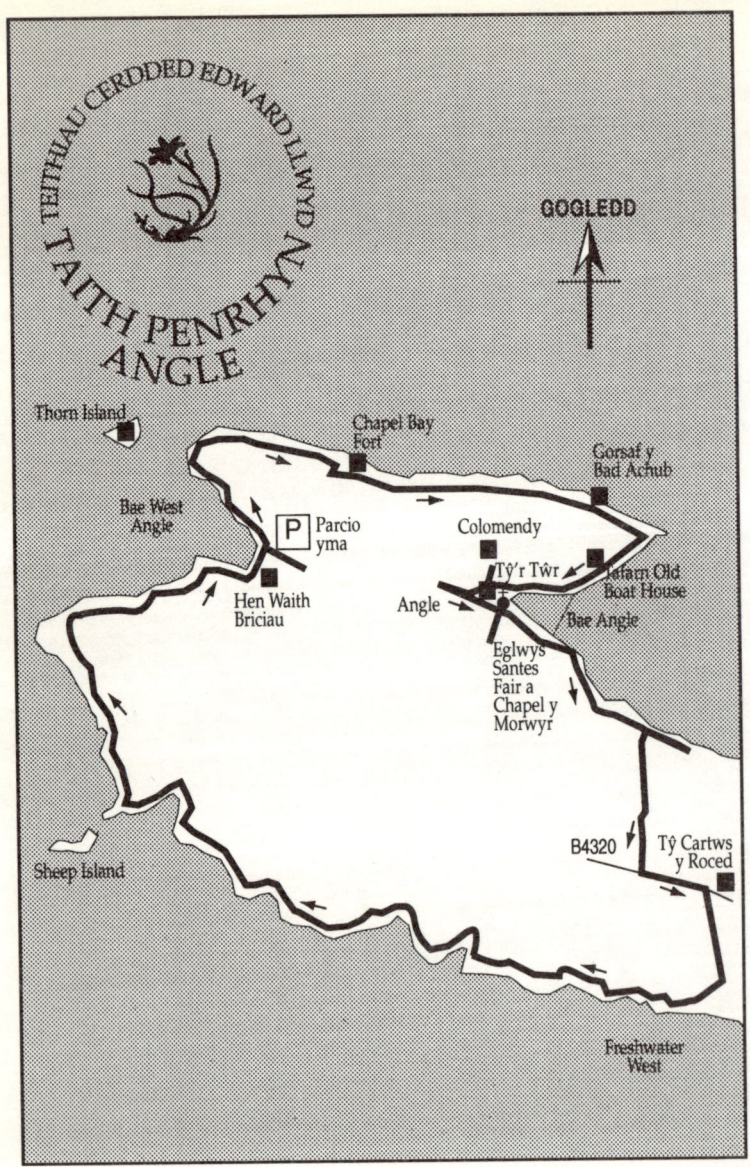

TEITHIAU CERDDED EDWARD LLWYD

TAITH PENRHYN ANGLE

GOGLEDD

Thorn Island

Bae West
Angle

Chapel Bay
Fort

Gorsaf y
Bad Achub

P Parcio
yma

Colomendy

Tŷ'r Twr

Tafarn Old
Boat House

Hen Waith
Briciau

Angle

Bae Angle

Eglwys
Santes
Fair a
Chapel y
Morwyr

Sheep Island

B4320

Tŷ Cartws
y Roced

Freshwater
West

32

Taith Penrhyn Angle
yng nghwmni John Lloyd Jones a Siân Bowen

Hyd y daith: 15 cilomedr/9^1/$_2$ milltir
Map yr ardal: *Landranger* 157 (1:50,000); *Outdoor Leisure* 36 (1:25,000)
Man cychwyn: Maes parcio Bae Gorllewin Angle (SM 854 033).
Sut i gyrraedd y man cychwyn: Dilynwch y B4320 o dref Penfro a mynd yn syth drwy bentref Angle nes cyrraedd y maes parcio.
Lle parcio: Maes parcio Angle; man cychwyn y daith.
Graddfa: Cymedrol ar y cyfan ond ceir rhannau serth a pheryglus ar Lwybr yr Arfordir rhwng *Freshwater West* a phen y daith. Mae'r llwybr yn agos at y clogwyni sy'n 50m o uchder mewn mannau. Mae dros 30 o sticlau ar y llwybr.
Cyfleusterau ar y daith: Toiledau ger y maes parcio ac ym mhentref Angle; caffi ger y maes parcio yn ystod yr haf a thafarnau, siop a lle picnic yn Angle. Mae'r ganolfan wybodaeth agosaf yn *The Commons Road*, Penfro.

Cyfarwyddiadau cerdded:
Mae'r daith hon o fewn Parc Cenedlaethol Arfordir Penfro, yr unig barc cenedlaethol arfordirol ym Mhrydain. Mae dechrau'r daith yn dilyn Llwybr yr Arfordir ar hyd glannau moryd rewlifol y Daugleddau – harbwr naturiol arbennig sy'n gyrchfan i danceri olew a hefyd i'r fferi o Benfro i Iwerddon. Dros y canrifoedd

bu'r Daugleddau o bwysigrwydd milwrol ac ar y daith gwelir adfeilion caerau amddiffynnol. Yn ystod yr Ail Ryfel Byd bu yma faes awyr ac mae cofeb yn y maes parcio a beddau aelodau'r Llu Awyr ym mynwent yr eglwys yn tystiolaethu i hynny.

Oherwydd yr hinsawdd ffafriol a'r pridd coch, mae'n ardal amaethyddol ffrwythlon ac yn enwog am ei thatws cynnar. Yn y gwanwyn gwelir llawer o'r caeau tatws dan orchudd o blastig.

Mae ail hanner y daith yn dilyn yr arfordir dros y clogwyni o dywodfaen coch. Ceir golygfa dda o draeth *Freshwater West* a fu unwaith yn lle pwysig am wymon ar gyfer gwneud bara lawr. Yn ddaearegol mae'r ardal yn cynnwys tirffurfiau arfordirol diddorol megis chwythdwll, sef ogof a'r to wedi mynd â'i ben iddo oherwydd erydiad y môr.

Mae'r clogwyni a'r tir glas yn cynnal amrywiaeth o blanhigion a thros y tymhorau ceir blodau megis gludlys coch *(Silene dioica)*, clustog Fair *(Armeria maritima)*, seren y gwanwyn *(Scilla verna)*, tegeirian coch y gwanwyn *(Orchis mascula)*, clychau'r gog *(Hyacinthaides non scripta)*, gludlys arfor *(Silene uniflora)*, llygad llo mawr *(Leucanthemum vulgare)*, tagaradr *(Ononis repens)* a ffenigl arfor *(Tripleurospernum maritimum)*. Ymhlith y porfeydd gellir gweld maswellt *(Holcus lanatus)*, cynffonwellt y maes *(Alopecurus pratensis)*, perwellt y gwanwyn *(Anthoxanthum odoratum)*, pawrwellt *(Bromus hordeaceus)*, byswellt *(Dactylis glomerata)* a rhugwellt parhaol *(Lolium perenne)*. Mae adar megis tinwen y garn *(Oenanthe oenanthe)* a chlochdar y cerrig *(Saxicola torquata)* i'w gweld yn agos i'r llwybr a'r cudyll coch (*Falco tinnunculus*) ar y clogwyni. Gwelir adar y môr gan gynnwys y ffwlmar (*Fulmaris glacialis*), bilidowcar (*Phalacrocorax carbol*), gwylanod (*Larus*) ac o bosib yr hugan (*Sula bassana*) sy'n cartrefu ar Ynys Gwales.

Ffurfiwyd Bae Gorllewin Angle drwy erydiad y siâl meddal rhwng y tywodfeini caletach ar bob ochr. Dyma'r traeth cyntaf i'w lygru gan olew ar ôl trychineb y *Sea Empress* ym mis Chwefror 1996. Drylliwyd y llong ar y creigiau gerllaw a gollyngwyd 72,000 o dunelli o olew i'r môr. Newidiwyd ecoleg y traeth a lladdwyd dros hanner y cogyrnod (*Patela vulgata*).

Daeth y canon mawr a welir yn y maes parcio o gaer *Chapel Bay* a welir yn nes ymlaen ar y daith. Ar ddiwrnod clir gellir gweld goleudy'r Santes Ann ar y pentir gyferbyn. Heddiw, lle gwyliau hunanddarpar yw'r hen oleudy.

Gan wynebu'r môr, gadewch y maes parcio drwy'r glwyd ar y dde a dilyn Llwybr yr Arfordir nes cyrraedd pentref Angle tua 2½ milltir i ffwrdd. Cadwch i'r dde ar y fforch gyntaf ac i'r chwith ar yr ail lle gwelir gwesty *Thorn Island*. Caer ydoedd yn wreiddiol a gwblhawyd yn 1860 am £85,000. Ar un adeg roedd yma naw gwn a chant o filwyr.

Ar ôl cerdded am tua milltir fe ddewch at goed ar ochr chwith y llwybr. Yma gwelir *Chapel Bay Fort*. Adeiladwyd y gaer hon rhwng 1850 ac 1887 a dyma'r adeilad milwrol cyntaf o goncrid yn hytrach na cherrig. Mae'r gaer yn adeilad rhestredig gradd dau. Saif ar dir preifat erbyn hyn ond mae'n bosibl gweld y ffos o'i chwmpas i'r chwith o'r llwybr.

Ar ôl mynd heibio gorsaf y bad achub ar y chwith, croeswch sticil ac ewch yn syth ymlaen (nid ar hyd y lôn) rhwng y coed drain. Gyferbyn â *Ridge Cottage* a *Snug Harbour* (ychydig ar ôl mynd heibio tafarn *The Old Point House*) gwelir y morglawdd ar y chwith. Pan fo'r môr ar drai gellir croesi yma i fyrhau'r daith, ond o wneud hyn byddwch yn osgoi'r pentref â'i hanes diddorol.

Mae Bae Angle yn lle pwysig i rydyddion megis y pibydd coesgoch *(Tringa totanus)*, pioden y môr *(Haematopus ostrolegus)*, y gylfinir *(Numenius arquata)*, pibydd y mawn *(Calidris alpina)* a'r wiwell *(Anas penelope)*.

Wrth nesu at y pentref, peidiwch â chroesi'r bont ond daliwch i gerdded i'r dde ac fe welwch Dŷ'r Tŵr yn syth o'ch blaen. Uwchben drws y tŷ olaf ar y dde mae cerflun – tybia rhai mai cerflun o Gerallt Gymro ydyw. Mae adeilad amddiffynnol Tŷ'r Tŵr yn dyddio o'r Oesoedd Canol. Prin yw'r enghreifftiau o dai fel hyn yng Nghymru. Roeddent yn llawer mwy niferus yn yr Alban ac Iwerddon. Trowch i'r dde wrth Dŷ'r Tŵr ac ymhen tua 150 llath gwelwch golomendy yn y cae. Ceir 14 rhes a 30 o nythod i bob rhes yn y colomendy. Fe'i defnyddid fel ffynhonnell o gig ffres i deulu'r perchennog.

Dychwelwch i Dŷ'r Tŵr a throwch i'r dde wedi ichi fynd drwy'r glwyd. Ewch drwy'r lle chwarae allan i'r heol. Os edrychwch i'r dde gwelwch adeiladau yn arddull tai De'r Affrig ar stryd fawr y pentref. Dywedir i berchennog stad Angle eu codi i'w atgoffa o'r wlad honno wedi iddo ddychwelyd yma ar ôl bod yn Ne'r

Affrig yn brwydro ar ddiwedd y bedwaredd ganrif ar bymtheg.

Trowch i'r chwith. Yma fe welwch Eglwys y Santes Fair. Eglwys Normanaidd yw hon. Bu Gerallt Gymro, a aned yn ne sir Benfro, yn ficer yma am gyfnod. Daeth y teils a welir ar y to o'r gwaith brics cyfagos. Y tu ôl i'r eglwys mae adeilad a elwir Capel y Morwyr neu Gapel y Pysgotwyr. Pan oedd bri ar bysgota fe âi'r pysgotwyr i'r capel cyn mentro i'r môr ac roedd yma ddigon o le i griw un llong. Codwyd y capel hwn, a gysegrwyd i Anthony Sant, yn 1447. Dengys ffenest fodern hanes yr Iesu yn cerdded ar y môr. O dan y capel lleolwyd y marwdy. Gyferbyn â'r eglwys hon mae neuadd y pentref a thoiledau a hysbysfwrdd sy'n cynnwys cynllun o gaer *Chapel Bay*.

Wrth adael y pentref ewch yn syth ymlaen gan ddilyn arwydd Llwybr yr Arfordir. Ymhen ychydig rhaid gadael y ffordd galed.

Ar ôl tua 150 llath gwyrwch i'r dde yn ôl i'r ffordd galed ac i fyny'r rhiw. Ar y gyffordd T trowch i'r chwith. Ar ôl tua 1/2 milltir fe welwch Dŷ Cartws y Roced ar y chwith i chi. Adeiladwyd hwn gan y Llynges yn 1885. Cadwyd offer achub (cert pedair olwyn a phum roced) yma ar gyfer llongddrylliadau ac fe gludid yr offer i'r glannau gan geffyl a chert. Saethid roced ar raff at longau a fyddai mewn trafferthion. Caewyd y Tŷ yn 1932 a'i werthu i brynwr preifat yn ddiweddarach. Tua chanllath cyn cyrraedd y Tŷ, trowch i'r dde drwy'r glwyd nes byddwch ar lwybr cyhoeddus. Dyma lwybr y casglwyr gwymon. Gynt, defnyddid y llwybr hwn gan fenywod lleol ar eu ffordd i gasglu gwymon ar gyfer gwneud bara lawr o draeth *Freshwater West*. Gwelir un o'r cytiau sychu gwymon, sy'n adeilad rhestredig erbyn hyn, uwchlaw'r traeth.

Cadwch y clawdd ar eich llaw dde, cerddwch drwy'r cae cyntaf a thrwy ganol y cae nesaf. Yna, ewch i lawr y cwm nes cyrraedd Llwybr yr Arfordir a throwch i'r dde. Dilynwch y llwybr nes cyrraedd y maes parcio a diwedd eich taith. Ar eich ffordd byddwch yn gweld traeth *Freshwater West*, Ynys Defaid, chwythdwll ac *East Blockhouse*. I'r dde o'r llwybr, cyn ichi gyrraedd y caffi a diwedd eich taith, gwelir simdde yr hen waith a fu'n cynhyrchu briciau o 1870au hyd at 1900.

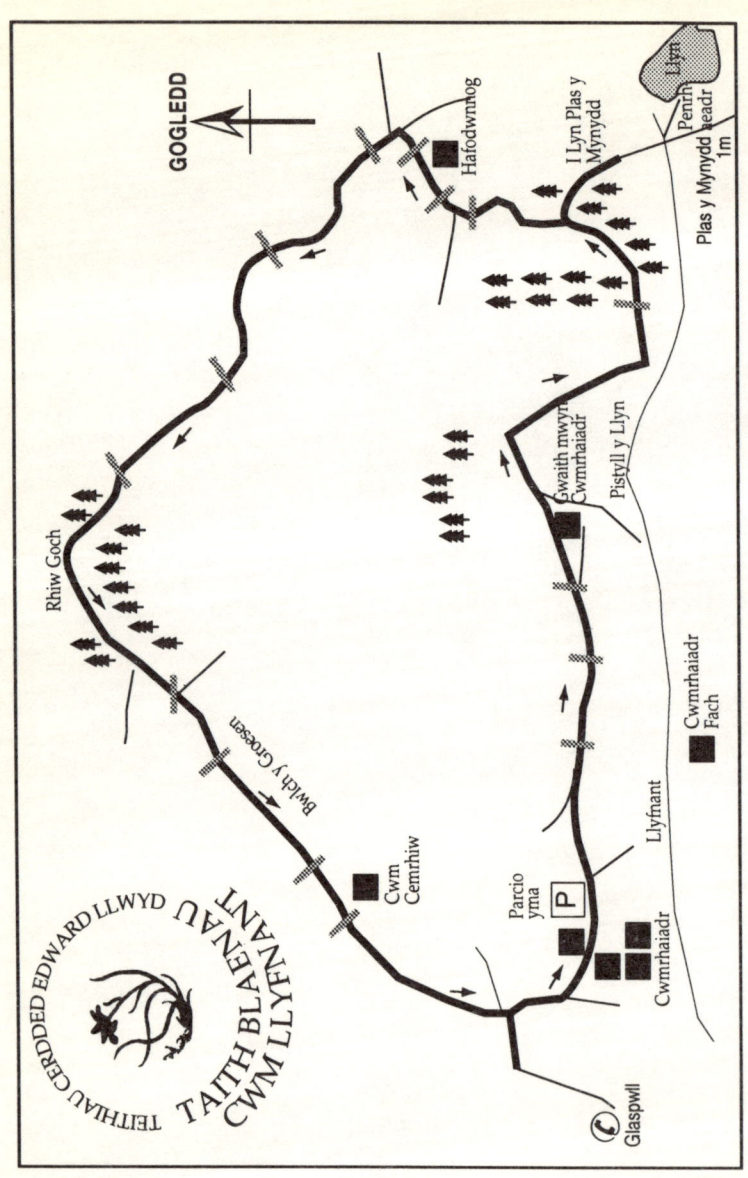

TEITHIAU CERDDED EDWARD LLWYD

TAITH BLAENAU
CWM LLYFNANT

GOGLEDD

Rhiw Goch

Hafodwnnog

I Llyn Plas y Mynydd

Penrhaeadr

Llyn

Plas y Mynydd
1m

Bwlch y Groesen

Cwm Cemhiw

Gwaith mwyn
Cwmrhaiadr

Pistyll y Llyn

Cwmrhaiadr
Fach

Llyfnant

Parcio
yma

P

Cwmrhaiadr

Glaspwll

40

Blaenau Cwm Llyfnant
yng nghwmni Terry Edwards

Hyd y daith: Tua 10 cilomedr/6¹/₂ milltir
Map yr ardal: O.S. 135 (1:50,000); *Pathfinder* 885 (1:25,000)
Man cychwyn: Yr arosfan ym mlaen Cwm Llyfnant ar ddiwedd y ffordd gyhoeddus.
Sut i gyrraedd y man cychwyn: 1¹/₂milltir o Fachynlleth i gyfeiriad Aberystwyth ar yr A487, trowch i'r chwith i ffordd Glaspwll. Dilynwch arwyddion Glaspwll ond yn syth cyn disgyn i lawr i bentref bach Glaspwll, trowch i'r chwith a dilyn ffordd gul am ryw 2 filltir at ddiwedd y ffordd gyhoeddus lle mae'r ffordd yn fforchio. Fe welwch yr arosfan fechan ar y chwith.
Lle parcio: Mae lle i bedwar car yn arosfan blaen Cwm Llyfnant.
Graddfa: Taith eithaf caled. Dau ddarn gwlyb a chorsog yn yr hanner cyntaf a dringfa serth sydd tua 130 medr/390 troedfedd i gyrraedd y llwybr uwchben Pistyll y Llyn. Bydd angen gofal ar y llwybr hwnnw, yn enwedig os oes plant gyda chi. Mae ail hanner y daith ar hyd lonydd da.
Cyfleusterau ar y daith: Dim (ar wahân i flwch ffôn yng Nglaspwll).

Cyfarwyddiadau cerdded:
Mae'r daith hon ar gyfer y sawl sy'n hoffi'r unigeddau. Go brin y byddwch yn cwrdd â neb ar y daith. Taith i'w cherdded ar ddiwrnod clir ydyw am mai'r golygfeydd draw at fynyddoedd Meirionnydd a bryniau Maldwyn

a Cheredigion yw ei gogoniant.

Ar ôl gadael y car, trowch i'r dde gan ddilyn yr arwyddion i'r pistyll heibio adeiladau Fferm Cwmrhaiadr. Tan y 1960au, ar safle'r ddau dŷ pren a welir ar y dde y safai plasty Cwmrhaiadr, un o blastai teulu Owen Owen, Lerpwl, y siopwr arloesol a aned yn ffermdy'r Bwlch ddwy filltir i ffwrdd. Prynodd y teulu stadau'r cwm yn 1896 ac 1906 ac maent yn nwylo eu disgynyddion heddiw. Nhw yw prif ysgogwyr Canolfan Celfyddydau y Tabernacl, Machynlleth. Mae gyrfa lwyddiannus Owen Owen yn adlewyrchu'r 'rhinweddau Victoraidd' ar eu gorau. Gellir darllen ei hanes yn llyfr campus David Wyn Davies, *Owen Owen, Victorian Draper* (Gwasg Cambrian).

Mewn llai na 1/2 milltir, lle mae'r lôn yn fforchio, gwelir murddun Llanrhaiadr Fach o dan goeden ar ochr bellaf yr afon. Dyma gartref Morus Harri (neu Parri) ar ddiwedd y ddeunawfed ganrif. Lleidr defaid oedd Morus ac yng ngardd y bwthyn bu sgarmes ffyrnig rhwng ei wraig a'i blant a'r cwnstabliaid a ddaeth i'w ddal. Llwyddodd Morus i ddianc a chuddiodd dros dro mewn ogof (a elwid wedi hynny yn Ogof Morus) yn y bryniau uwchben Tre'r-ddôl. Daliwyd ef yn y diwedd ac ef, yn ôl y sôn, oedd y gŵr olaf i gael ei grogi am ddwyn defaid yn sir Aberteifi. Ar ôl dyddiau helbulus Morus daeth Cwmrhaiadr Fach yn gartref duwiol i Betty Pugh. Yn ôl *Hanes Eglwysi Annibynnol Cymru*, 'yn y gaeaf rhoddai ei phlant yn y gwely (cyn cychwyn i'r gyfeillach ym Machynlleth) ac ymddiriedai hwy i ofal Rhagluniaeth ac ni ddigwyddodd niwed i un ohonynt a chafodd fyw i'w gweled oll yn proffesu crefydd'!

Wrth nesu at flaen y cwm cewch yr olygfa orau o Bistyll y Llyn yn disgyn dros y creigiau serth o'ch blaen. Mewn gwirionedd, ac yng ngeiriau Cledwyn Fychan, mae 'dau bistyll yn llifo i'w gilydd ar y ffordd i lawr i ffurfio rhaeadr ar lun y llythyren Y'.

Ar ôl croesi planhigfa gorsog iawn mae olion a siafft gwaith mwyn Cwmrhaiadr. Agorwyd y gwaith hwn heb fawr o lwyddiant yn y 1840au. Er bod cwmni newydd dan arweiniad John Taylor wedi dod â pheiriannau modern i ailagor y gwaith yn 1858, methiant fu ei hanes eto. Mae echel hen rod ddŵr y gwaith yn gorwedd yn ymyl y siafft.

Ar ôl croesi'r nant fechan wrth ochr y siafft gallwch gerdded ymlaen i gael cip ar y pistyll, ond cymerwch ofal. Yn ymyl y pistyll ar ddydd Sul, Gorffennaf 10fed, 1898, syrthiodd Thomas Owen, Aelod Seneddol Rhyddfrydol Launceston a pherchennog stad Cwmrhaiadr a oedd yn frawd i Owen Owen, i lawr y creigiau serth a boddodd yn yr afon.

Rhaid dechrau dringo yn syth ar ôl croesi'r nant fechan yn ymyl y gwaith mwyn i gyfeiriad tri chlwstwr o goed ar y llethr serth uwchben, gan anelu at y clwstwr olaf ar y dde nes dod o hyd i'r llwybr yn ymyl y coed. Bydd angen mwy nag un saib wrth ddringo ond cewch edrych i lawr Cwm Llyfnant a mwynhau'r olygfa i gyfeiriad mynyddoedd Meirionnydd. Erbyn i chi gyrraedd y llwybr bydd Tarren yr Hendre, Tarren y Gesail, Cadair Idris, Mynydd Moel, Gau Graig, Crib Maesglasau ac Aran Fawddwy i gyd yn y golwg, heb sôn am felin wynt Canolfan Technoleg Amgen Corris!

Rhed y llwybr ymlaen i gyfeiriad y goedwig. Mae camfa ar gwr y blanhigfa, nid nepell o'r nant, a'r llwybr yn mynd yn syth rhwng y coed, cyn gwyro i'r chwith nes cyrraedd ffordd lydan. Coed a blannwyd gan y Comisiwn Coedwigaeth yw'r planhigfeydd hyn ond heddiw cwmni *Flintshire Woodlands* yw'r perchnogion.

O'r ffordd gwelir llyn Penrhaeadr, tarddiad afon Llyfnant. Os oes gennych amser, trowch i'r dde a dilyn y ffordd heibio i'r llyn a cherdded am filltir arall i weld llyn Plas y Mynydd (*New Pool* ar y map). Heddiw bwthyn pren newydd, cyffredin ei olwg yw'r Plas. Llosgwyd yr hen fwthyn adeg yr ymgyrch llosgi tai haf. Rhoddwyd yr enw urddasol ar y bwthyn am mai yma y byddai Prysiaid Plas Gogerddan yn dod i bysgota a hela. Ar y bryncyn uwchben y Plas mae cerrig beddau pedwar ci hela Gogerddan. Os ydych yn dewis ymweld â'r llynnoedd a'r Plas, bydd yn rhaid dychwelyd wedyn ar hyd yr un ffordd.

Os nad yw'r llynnoedd yn apelio, trowch i'r chwith wrth gyrraedd y ffordd. Wrth ddringo cewch gipolwg bob hyn a hyn ar gopaon Pumlumon Fawr, Drosgol a Disgwylfa Fawr. Ar ôl y llidiart cyntaf trowch i'r dde a dilynwch y ffordd i lawr heibio i siediau cneifio Hafodwnog ac ar y groesffordd trowch i'r chwith. Wrth ddilyn y darn nesaf o'r ffordd hyd at y goedwig bydd panorama odidog yn ymagor i'r dde. Gwelwch siâp hynod Moel Fadian uwchben Aberhosan a tharren serth Bwlch-gwyn gyda chopâon Pumlumon Fawr a Phumlumon Arwystli yn codi yr ochr draw i bistyll Hengwm i lawr yn nyfnderoedd y cwm islaw. Yna gwelwch blethwaith gwyrdd caeau a llwyni Cwm

Dulas i gyfeiriad Aberhosan a Forge, cyn i gribau tarennau Meirionnydd, Cadair Idris a'r ddwy Aran ddod i'r golwg yr ochr draw i ddyffryn Dyfi.

Dilynwch y lôn serth i lawr drwy'r goedwig lle mae grug gwyn yn tyfu. Yng ngwaelod y goedwig mae'r lôn yn fforchio. Yma, trowch i'r chwith i mewn i'r cae gan ddisgyn ar hyd cwm prydferth Nant Cemriw â'i goed collddaill, ac yn ôl i'r car.

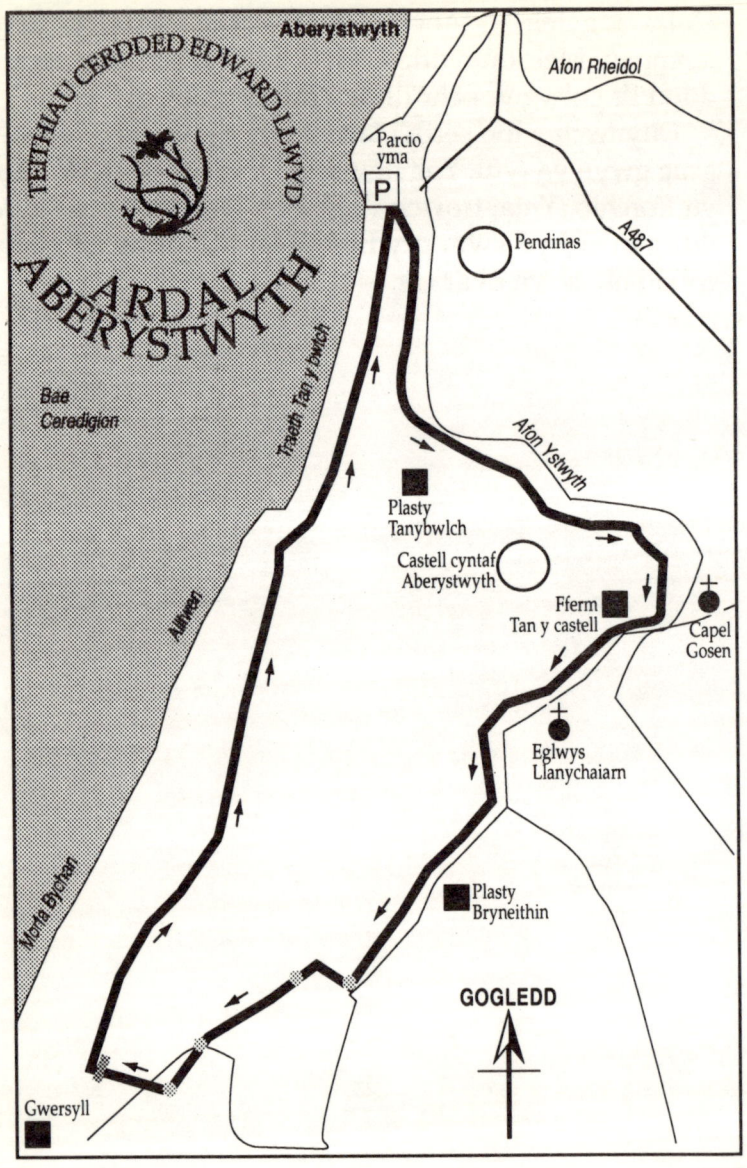

Aberystwyth

TEITHIAU CERDDED EDWARD LLWYD

ARDAL ABERYSTWYTH

Bae Ceredigion

Parcio yma

P

Afon Rheidol

A487

Pendinas

Traeth Tan y bwlch

Afon Ystwyth

Plasty Tanybwlch

Castell cyntaf Aberystwyth

Fferm Tan y castell

Capel Gosen

Afon

Eglwys Llanychaiarn

Plasty Bryneithin

GOGLEDD

Morfa Bychan

Gwersyll

46

Ardal Aberystwyth
yng nghwmni Dai Llewelyn

Hyd y daith: 8 cilomedr/5 milltir
Map yr ardal: *Pathfinder* 926 (1:25,000)
Man cychwyn: Traeth Tan-y-bwlch, Aberystwyth.
Sut i gyrraedd y man cychwyn: Gadael gorsaf reilffordd Aberystwyth a dilyn yr A487 i'r de ar hyd ffordd Tan Dre. Troi i'r chwith dros bont Trefechan ac yna troi i'r dde yn union wedi mynd heibio gorsaf y frigad dân ac ar hyd ffordd gul sy'n arwain at Ben yr Angor, Tan-y-bwlch a Phendinas. Croesi'r bont dros aber afon Ystwyth a pharcio ar y morglawdd cerrig lle mae digonedd o le. Mae'r morglawdd hwn yn enghraifft dda o storm draeth naturiol.
Lle parcio: Ar y morglawdd cerrig ger traeth Tan-y-bwlch.
Graddfa: Mae hon yn daith hawdd ar y cyfan ond mae tua milltir o ddringo cymedrol wedi i chi fynd heibio eglwys Llanychaiarn ar hyd ffordd gul gweddol brysur. Mae'r llwybr glan môr yn disgyn yn serth iawn yn ôl i draeth Tan-y-bwlch ac mae angen gofal yma. Anaddas i blant bach.
Cyfleusterau ar y daith: Nid oes cyfleusterau cyhoeddus o gwbl ond mewn argyfwng gellid defnyddio'r ffôn a'r toiledau yng nghanolfan gwyliau Morfa Bychan. (Rhaid gofyn am ganiatâd yn y swyddfa.)

Cyfarwyddiadau cerdded: Mae afonydd Rheidol ac Ystwyth yn aberu i'r harbwr yn Aberystwyth. Porthladd di-nod oedd hwn nes i fwynau plwm ac arian y cymoedd cyfagos ddechrau cael eu hallforio oddi yma yn ystod chwarter olaf y ddeunawfed ganrif a'r bedwardd ganrif ar bymtheg. Buont yn adeiladu llongau hwyliau yma hefyd yn y bedwaredd ganrif ar bymtheg. Problem fawr oedd bod ceg yr harbwr yn cau gan dywod nes iddynt godi'r pier bach yn 1834. Helaethwyd yr harbwr yn hanner olaf y 1990au i wneud marina.

Mae llwybr troed yn dilyn afon Ystwyth ac yn yr haf daw arogl hyfryd y llwyni rhosyn Japan *(Rosa rugosa)* i'w lenwi. Mae'r blodau'n wyn neu'n binc a'r ffrwythau'n grwn, oren-goch. Blodau eraill a welir yma yn yr haf yw clustog Fair *(Armeria maritima)*, ffenigl y cŵn *(Tripleurospermum inodorum)*, llwylys cyffredin *(Cochlearia officinalis)* a phabi'r môr melyn ei liw *(Glaucium flavum)*. Bydd gwylanod y penwaig, gwylanod penddu a hwyaid gwyllt i'w gweld ger yr harbwr hefyd.

Ar ben y bryn yr ochr arall i'r afon saif Pendinas, gydag olion hen gaer o Oes yr Haearn ar ei gopa. Cred yr arbenigwyr a fu'n cloddio yno fod olion bywyd o'r ail ganrif a'r ganrif gyntaf Cyn Crist ar y safle hon. Mae twr ar gopa Pendinas – cofgolofn i ddathlu llwyddiant Dug Wellington pan drechodd Napoleon. Codwyd hi yn 1852 gan Major William Richardes, Bryn Eithin a fu'n ymladd gyda Wellington ym mrwydr Waterloo.

Mae'r afon a'r llwybr yn troi'n sydyn i'r chwith ac o'ch blaenau gwelwch blasty Tan-y-bwlch. Codwyd hwn gan Major General Lewis Davies, brodor o'r ardal a fu'n byw yno o 1815 hyd 1828. Bu'n ymladd gyda Dug Efrog yn yr India a chyda Wellington yn erbyn

Napoleon. Bu un o'i ddisgynyddion, Mathew Lewis Vaughan Davies, Aelod Seneddol Rhyddfrydol Ceredigion o 1895 hyd 1920 yn byw yno. Yna, fe'i gwnaed yn Arglwydd Ystwyth gan Lloyd George ac roedd ei ddaliadau gwleidyddol mor hyblyg â'i enw yn ôl y Doctor Thomas Richards! Bu'r adeilad yn ysbyty heintiau yn y 1950au cynnar pan ddioddefai llawer o drigolion lleol o'r teiffoid. Yna aeth yn ysbyty ymadfer, yn gartref dros dro i Goleg y Llyfrgellwyr ac yna i adran o Goleg Addysg Bellach Aberystwyth.

Mae'r llwybr troed yn dilyn afon Ystwyth hyd at Gapel Gosen ac mae llawer o lwyni masarn, helyg a gwern ar yr ochr chwith iddo a llwyni eithin ar y dde. Mae'r planhigyn tal Jac y neidiwr *(Impatiens glandulifera)* a'i flodau pinc hynod ar lan yr afon a gwelir glas y dorlan ar bolion y ffens yn achlysurol, a'r siglen lwyd ar y cerrig.

I'r dde mae fferm Tan y Castell ac ar y bryn coediog y tu ôl iddi mae olion castell cyntaf Aberystwyth. Codwyd y castell pren hwn yn 1109-1110 gan y Norman Gilbert Fitzgerald ('Gilbert Strongbow'), un o'r teulu Clare o'r gororau, ond fe'i llosgwyd yn 1143 gan Owain, Tywysog Gwynedd, mewn gwrthryfel yn erbyn y Normaniaid. Oddi wrth y castell hwn y cafodd castell cerrig Aberystwyth (a adeiladwyd yn 1277) a'r dref eu henwau.

Ychydig cyn cyrraedd diwedd y llwybr gwelir Capel Gosen yr ochr draw i'r afon. Sefydlwyd yr achos hwn yn 1757 gan Daniel Rowlands ei hun a dyma fam-eglwys Presbyteriaid (Methodistiaid Calfinaidd) yr ardal – fel capeli Blaenplwyf a Thabernacl, Aberystwyth.

Byddai pererinion Methodistaidd Arfon a Meirionnydd yn glanio ar draeth Tan-y-bwlch neu harbwr Aberystwyth a byddai aelodau Gosen yn rhoi bwyd a llety iddynt cyn iddynt fynd ar eu taith i gymuno â Daniel Rowlands yn Llangeitho. Adeiladwyd y Capel Gosen cyntaf yn 1786, ei ailadeiladu yn 1824 a'i helaethu yn 1867.

Mae rhan nesaf y daith yn dilyn y ffordd dar i ganolfan gwyliau Morfa Bychan. Mae angen gofal wrth gerdded y darn hwn oherwydd y traffig cyson. Gwelir eglwys Llanychaiarn ar y chwith. Llwchaiarn yw ei nawddsant, un o seintiau'r seithfed ganrif ac ŵyr i Cyndrwyn, Tywysog Powys. Mae'n nawddsant dwy eglwys arall o leiaf – Llanllwchaiarn yn yr hen sir Drefaldwyn a Llanllwchaiarn yng Ngheredigion. Yn yr Oesoedd Canol roedd capel anwes i eglwys Llanbadarn Fawr yma, un o blwyfi mwyaf Cymru yn y cyfnod hwnnw, ond daeth yn blwyf annibynnol wedi diddymu'r mynachlogydd. Bu o dan adain Llanbadarn hyd 1680, pryd y cafodd ei ficer ei hun. Ailadeiladwyd yr eglwys yn llwyr erbyn 1880.

Mae'r ffordd yn dringo'n gyson am tua 1/2 milltir cyn troi i'r dde. Dilynwch arwydd Morfa Bychan. Cyn hir gwelir plasty Bryn Eithin ar y chwith. Ceir cofnod o olion cartref yma yn y seithfed ganrif ac roedd yr adeilad cerrig cyntaf yn enghraifft o dŷ hir yn dyddio o 1580. Codwyd yr adeilad presennol gan Major William Richardes, y gŵr a fu'n gyfrifol am godi'r tŵr ar Bendinas. Bu Syr Ifan ab Owen Edwards a'i deulu yn byw yno yn ystod yr Ail Ryfel Byd. O 1981 hyd 1998 bu'n Ganolfan Archwilio Daearegol Cymru a thrist yw cofnodi mai Cymru yw'r unig un o wledydd Prydain sydd bellach heb ei Chanolfan Archwilio Daearegol ei hun, ond mae sôn yr ailsefydlir canolfan newydd yn y dyfodol, wedi llawer o brotestio.

Try'r ffordd yn wastad erbyn cyrraedd y fynedfa i ffermydd Brynyrychain a Llety'r Boda ac wedi cyrraedd tro sydyn, gwell yw tynnu plet tuag at Forfa Bychan trwy groesi camfa ar yr ochr dde a dilyn y llwybr cyhoeddus. Dilynwch y clawdd, troi'n sydyn i'r chwith tuag at gamfa arall yn y ffens a mynd ar hyd y cae nesaf at gamfa arall eto sydd yn uno â'r ffordd i lawr at Forfa Bychan. Mae camfa arall ar y dde, ychydig lathenni i lawr, a gwell yw tynnu plet eto a chroesi'r cae tuag at ddwy glwyd fechan sydd ym mhen uchaf canolfan garafanau Morfa Bychan.

Mae gweddill y daith ar hyd llwybr glan môr sy'n dringo'n raddol nes cyrraedd bryn yr Alltwen a'i glogwyni uwchben y môr. Ceir golygfeydd ardderchog oddi yma ar ddiwrnod clir – Ynys Enlli a mynyddoedd Penrhyn Llŷn dros y môr i'r gogledd-orllewin; tref Aberystwyth a thu ôl iddi draethau Aberdyfi a Thywyn a mynyddoedd Eryri, a'r Wyddfa ei hun y tu ôl i Dywyn. Gwelir Pen Craig y Pistyll a mynyddoedd Pumlumon i'r gogledd-ddwyrain ac islaw i'r dwyrain gwelir cynllun castell cyntaf Aberystwyth yn glir – tomen gron a beili. Ar y darn hwn o'r daith mae siawns y clywch ac y gwelwch y frân goesgoch, ac yn yr haf clochdar y cerrig a chrec yr eithin ar y llwyni eithin.

Mae'r llwybr yn disgyn yn serth i draeth Tan-y-bwlch ac ar y ffordd 'nôl i'r lle parcio mae cyfle i chi glywed ac i weld pioden y môr, tinwen y garn yn yr haf ac ar ddiwedd haf gwelir twmpathau o flodau gleision celyn y môr *(Eryngium maritimum)* ar ochr y ffordd.

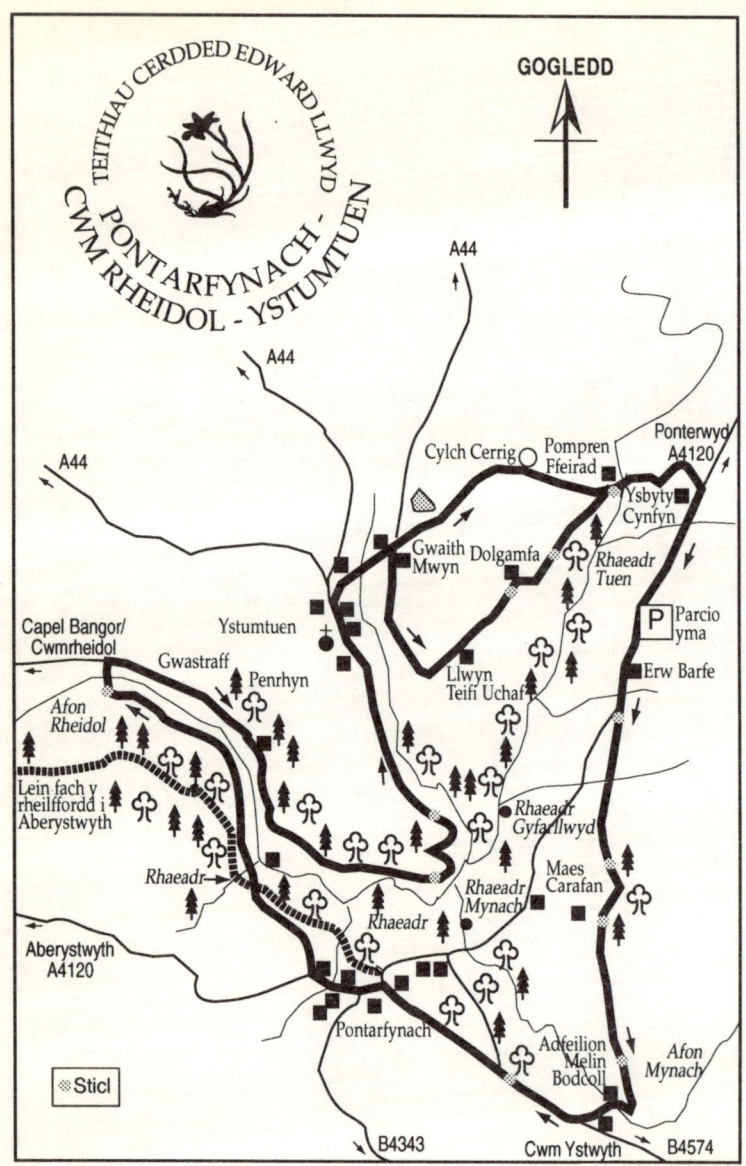

GOGLEDD

TEITHIAU CERDDED EDWARD LLWYD
PONTARFYNACH -
CWM RHEIDOL - YSTUMTUEN

A44

A44

A44

Cylch Cerrig

Pompren Ffeirad

Ponterwyd
A4120

Ysbyty Cynfyn

Gwaith Mwyn

Dolgamfa

Rhaeadr Tuen

Capel Bangor/
Cwmrheidol

Ystumtuen

Parcio yma

Gwastraff

Penrhyn

Llwyn Teifi Uchaf

Erw Barfe

Afon Rheidol

Lein fach y rheilffordd i Aberystwyth

Rhaeadr Gyfarllwyd

Rhaeadr

Rhaeadr Mynach

Maes Carafan

Rhaeadr

Aberystwyth
A4120

Pontarfynach

Adfeilion Melin Bodcoll

Afon Mynach

Sticl

B4343

Cwm Ystwyth

B4574

54

Taith Pontarfynach ac Ystumtuen
yng nghwmni Rees Thomas

Hyd y daith: 13 cilomedr/8 milltir

Map yr ardal: *Pathfinder* 947 (1:25,000); *Landranger* 135 (1:50,000)

Man cychwyn: Cilfan rhwng Ysbyty Cynfyn a fferm Erwbarfe. Gellir dechrau o fannau eraill hefyd megis Pontarfynach (a thrip ar y trên bach efallai), Cwm-rheidol, Ystumtuen neu Ysbyty Cynfyn.

Sut i gyrraedd y man cychwyn: Dilynwch yr A4120 o Aberystwyth i Bonterwyd.

Lle parcio: Y gilfan rhwng Ysbyty Cynfyn a fferm Erwbarfe.

Graddfa: Mae hon yn daith y gellir ei cherdded ar unrhyw adeg o'r flwyddyn ond mae'n fanteisiol, os yw'r tywydd yn caniatáu, i'w cherdded yn y gaeaf. Mae'r daith yn hollol addas i deuluoedd ond mewn ambell fan gall fod ychydig yn drafferthus i bobl byr eu gwynt. Hefyd mae llawer o sticlau ar y daith.

Cyfleusterau ar y daith: Mae cyfleusterau cyhoeddus ger Gwesty'r Hafod, hanner ffordd rhwng yr Hafod a'r orsaf a hefyd yn yr orsaf.

Cyfarwyddiadau cerdded: Dyma un o ardaloedd prydferthaf Cymru sy'n boblogaidd iawn gydag ymwelwyr. Mae yma amrywiaeth o olygfeydd: afonydd, rhaeadrau, coedwigoedd cynhenid a chonwydd, mynydd-dir a phentrefi gydag hanesion difyr yn perthyn iddynt, yn ogystal ag eglwys a mynwent gydag hanes diddorol. Gwelir hefyd greithiau amlwg o hen weithfeydd mwyn y fro. Mae gweld pump o raeadrau uchel pan nad oes dail ar y coed yn drawiadol iawn a phryd hynny hefyd bydd mwy o ddŵr ynddynt fel arfer.

O'r gilfan cerddwch i gyfeiriad Pontarfynach, heibio fferm Erwbarfe ac ar ôl croesi nant fechan ewch dros sticil. Wedi ichi gerdded ar draws y cae i'r gornel bellaf, ewch drwy'r iet i'r feidr. Dilynwch y feidr i'r dde a throwch i fyny i'r chwith; fe welwch lwybr yn eich arwain i ben y bryn. Oddi yma fe welwch goedwig o'ch blaen. Ewch dros y gwter a thros sticil i mewn i'r goedwig a dilyn y ffens nes cyrraedd beidr arall. Cadwch i'r chwith ar hyd y feidr a throi i'r dde pan welwch sticil sy'n eich arwain i lawr drwy'r cae. Os edrychwch i'r chwith fe welwch fferm Bodcoll a oedd, mae'n debyg, yn ganolfan grefyddol ar un adeg. Mae yma gae o'r enw Cae'r Fynwent. Wrth fynd i lawr tuag at afon Mynach fe ddewch ar draws adfeilion Melin Bodcoll, man geni y diwygiwr Dafydd Morgan yn 1889.

Ewch dros y bompren, dilyn y llwybr a throi i'r dde pan gyrhaeddwch y ffordd fawr. Ar ôl ryw ddau can llath ewch dros y sticil ar y chwith. Wedi i chi gerdded yn syth ar draws y cae fe ddewch i'r ffordd fawr gyferbyn â gorsaf y lein bach. Os yw'r tywydd yn wlyb efallai y bydd yn rhaid i chi osgoi'r llwybr hwn a cherdded drwy'r pentref heibio Gwesty'r Hafod.

Mae pentref Pontarfynach yn enwog am ei dair pont (ar ben ei gilydd), ei raeadrau yn ogystal â'r lein fach. Dyma un o'r atyniadau ymwelwyr mwyaf poblogaidd yn yr ardal. Tyrrant yma i ddilyn y llwybrau – ysgol

Jacob fel y'i gelwir – a'r grisiau serth sy'n dilyn rhaeadr Mynach i gwrdd ag afon Rheidol islaw. Blinedig yw'r daith 'nôl lan. Bydd rhan helaeth yr ymwelwyr yn mwynhau godidowgrwydd a golygfeydd Cwmrheidol ar y ffordd i Bontarfynach ar y trên bach o Aberystwyth.

Cerddwch ar hyd y ffordd i gyfeiriad Aberystwyth ac ar ôl i chi fynd heibio i'r tŷ olaf ar y dde, fe welwch iet a llwybr yn eich arwain ar draws cae nes cyrraedd trac y lein fach. Mae llwybr wrth ochr y lein fach ac ar ôl mynd heibio pen un o'r rhaeadrau fe welwch lwybr yn eich arwain i lawr i'r goedwig tuag at afon Rheidol. Mae Cwmrheidol yn gwm hynod brydferth a'r afon yn un amrywiol iawn. Mae rhannau o goedwigoedd Cwmrheidol yn hen iawn ac fe welir yma ac mewn mannau eraill cyn cyrraedd Ysbyty Cynfyn enghreifftiau o goed derw cynhenid Cymru *(Sessile)*, sef y *Quercus petrae*, yn ogystal â'r derw Seisnig *(Q. robur)* a'r derw coch *(Q. borealis)*.

Ewch dros y bompren ac i'r dde, a cherdded ar hyd y ffordd. I'r chwith mae olion gwaith mwyn Ty'n y Fron ac i'r dde mae system buro dŵr. Nid chwarel oedd gwaith Ty'n y Fron ond twnnel a dorrwyd i gario dŵr a mwyn o weithfeydd Ystumtuen. Cysylltwyd y 'lefel fawr' fel y'i gelwir yn lleol â'r tri phwll a oedd yn weithredol yn Ystumtuen ar y pryd. Deuai'r mwyn i'r wyneb yma a bu'n lle prysur a gynhyrchai sylffid haearn hyd 1912. Roedd rhaffordd awyr yn croesi'r cwm i gysylltu â rheilffordd y trên bach. Mae'r gwastraff a welir wedi achosi llawer o lygredd yn yr ardal, yn enwedig yn yr afon. Llifodd ocsid haearn iddi ac ni fu pysgod ynddi nes i'r *CEGB* adeiladu system o welyau hidlo i buro'r dŵr. Erbyn heddiw mae'r afon yn denu pysgotwyr o bobman ac mae mannau hyfryd ar ei glannau i gael picnic.

Dilynwch y feidr heibio i dŷ ar y chwith ac yn fuan fe welwch lwybr yn dilyn y ffens ar waelod y goedwig. Daliwch i gerdded ar hyd y llwybr uwchben y ceunant gan gadw llygad agored am ddau raeadr uchel i'r dde. Ymhen ychydig fe ddewch i olwg rhaeadr Mynach. Ewch dros y sticil ac i fyny'r llwybr gan edrych draw ar raeadr Gyfarllwyd cyn gwyro i'r dde dros sticil arall a cherdded i fyny tuag at Ystumtuen.

Ardal yn hytrach na phentref yw Ystumtuen. Adeiladwyd y capel yn 1811 a dyma'r capel Wesleaidd cyntaf i gael ei godi, a hynny dan ddylanwad mewnfudwyr o Gernyw i'r gweithfeydd. Bu'n gapel dylanwadol a gweithgar yn yr ardal ar hyd y blynyddoedd. Trefnwyd dosbarthiadau Ysgol Sul, gwersi darllen, *art union*, canu, cerddoriaeth a chymdeithas ddiwylliannol a anerchwyd gan Ceiriog, Mynyddog a Chynhawddfardd. Cynhelid eisteddfod flynyddol a byddai côr yr ardal, Côr y Bryniau, yn cynnal cyngherddau a oedd yn ddigon da i gael eu llwyfannu yn yr Eisteddfod Genedlaethol yn 1926. Roedd yn gapel croesawgar iawn a deellir bod pobl o bob enwad, hyd yn oed yr eglwyswyr, yn mynychu'r gwasanaethau. Cyflogid gweinidog yma hyd 1972 ond erbyn hyn dim ond dwy oedfa a gynhelir yma bob mis. Diddorol yw deall fod ardal Ystumtuen wedi magu dau ar hugain o weinidogion ac offeiriaid.

Drws nesaf i'r capel mae'r ysgol a adeiladwyd yn 1876 drwy ymdrechion yr ardalwyr gyda'r llafur am ddim a chost y defnyddiau yn £500. Câi ysgolion eu cynnal yn rhai o gartrefi'r ardal ymhell cyn dyfodiad yr ysgol hon. Roedd ysgol Sion Williams yn un ohonynt a disgybl yno oedd neb llai na Syr John Rhys, yr ysgolhaig a fu yn y coleg yn Rhydychen. Bu'r ysgol hon yn ganolfan gymdeithasol i'r ardal. Nid oedd athrawon yn aros yn hir yn yr ysgol ar y dechrau. Diddorol yw darllen rhan o adroddiad arolygwr yn 1878: 'The mistress ought not to speak Welsh to the scholars as she does, but should train them to understand and speak English,' ac adroddiad un o'r athrawon yn 1889: 'I have been obliged to drop both Grammar and Geography. I cannot take either of them without neglecting the elementary subjects'. Yn ei anterth roedd wyth deg o blant yn yr ysgol ond pedwar yn unig oedd ar y gofrestr pan gaewyd hi yn 1957. Defnyddir yr adeilad fel hostel ieuenctid (YHA) heddiw.

O'r pentref ewch dros afon Tuen nes cyrraedd croesffordd. Oddi yma mae dewis o ddau lwybr. Ewch naill ai drwy'r bwlch sy'n syth o'ch blaen, i fyny'r llethr heibio llyn bach, dros y bryn, heibio i'r cylch cerrig, i'r goedwig ac i lawr at yr afon. Gall y llwybr hwn fod yn llithrig ar dywydd gwlyb. Mae'r cylch cerrig a welir ar bwys Dolgamfa yn nodweddiadol o rai eraill yn yr ardal. Dywedir eu bod wedi eu gosod ar safleoedd lle mae spirit lines yn croesi ac fe gysylltir hwn â chylchoedd Pendinas a mynwent Ysbyty Cynfyn. Neu dilynwch y ffordd i'r dde heibio i Lwyn Teifi Uchaf ac fe welwch lwybr yn troi i lawr i'r dde a thrwy iet i'r cae. Enw'r adfail yw y Demel. Croeswch y cae a dringo dwy sticil arall, dilyn y llwybr a chyrraedd y goedwig a'r afon. Fe welwch raeadr Tuen cyn cyrraedd Pompren Ffeirad. Dyma'r llwybr a'r bont a ddefnyddiai'r offeiriad ar ei ffordd o Lanbadarn Fawr i wasanaethu yn Ysbyty Cynfyn. Mae yma geunant dwfn iawn ac anodd yw deall pam mai dim ond darn o bren a pholyn oedd y bont cyn y gosodwyd pompren newydd yn 1951. Cafodd y bont hon ei chondemnio yn 1995 ac fe godwyd pont newydd o blastig. Oherwydd y tirwedd cafwyd trafferth i gario'r bont newydd i'w lle, felly llogwyd hofrenydd i'w chario yno'n gyfan.

O bosib, yn yr hen amser, roedd tiroedd yr ardal yn eiddo i'r mynaich gwynion a ddaeth i Ystrad-fflur o Hendy-gwyn ar Daf. Sefydlwyd *Hospitium* yn Ysbyty Cynfyn gan naill ai'r mynaich neu'n fwy tebyg gan y *Knights Hospitaliers* yn 1180 fel arosfan i bererinion ar eu ffordd i Ystrad-fflur ac i'r mynaich ar eu ffordd i wasanaethu yn eu tiroedd gogleddol. *Temple Mine* yw enw'r gwaith mwyn sydd ar bwys y bont.

Bu George Borrow yn teithio yn yr ardal hon a diddorol yw ei ddehongliad ef o ystyr Ysbyty Cynfyn. Rhannodd y gair yn ddau, sef 'cyn' *(before)* a 'ffin' *(boundary)* a datgan mai *'hospital of the first boundary'* yw'r esboniad. Tarddiad mwyaf synhwyrol y gair yw 'Cefn Faen'. Ewch dros y bont, dringo'r llwybr allan o'r goedwig a dilyn y cloddiau cerrig nes cyrraedd Eglwys Ysbyty Cynfyn. Nawddsant yr eglwys yw Sant Ioan ac mae'n debyg fod lle o addoliad ar y safle yn y drydedd ganrif ar ddeg. Codwyd yr addoldy yn 1625 a chofnodwyd gwasanaeth priodas am y tro cyntaf yn 1827. Claddwyd pawb o'r plwyf yn y fynwent hyd 1860. Diddorol yw nodi fod capelwyr yr ardal wedi cadw cysylltiad agos â'r eglwys am amser hir drwy fynychu gwasanaethau, priodasau a bedyddiadau. Yn yr adroddiad am y '*chantry* yn Ysbyty Cynfyn' dywedir bod offeiriad wedi ei benodi i ganu offeren yn 1549 yn dâl am nifer o anifeiliaid fferm.

Mae'n debyg ei bod yn arferiad i drefnu chwaraeon yn y fynwent yn dilyn gwasanaethau, chwaraeon megis reslo, bando ac ymladd ceiliogod. Mae'r garreg ymladd ceiliogod yn y fynwent o hyd.

Mae hen hanes amheus yn nodi bod yr eglwys wedi ei chodi y tu mewn i gylch cerrig paganaidd ac mae'n debyg fod y pum carreg fawr a welir yn wal y fynwent yn arfer bod yn rhan o'r cylch.

Ar ochr chwith y llwybr sy'n arwain at ddrws yr eglwys mae'n werth chwilio am fedd hynod iawn. Adeg haint y teiffoid yn 1856 claddwyd Isaac Hughes, Nantsyddion, ei fab, ei ferch, ac yn fwy hynod byth ei bedwar plentyn arall a oedd yn bedwar gefaill – y teulu i gyd ar wahân i'w wraig. Dyma'r pedwar gefaill cyntaf a gofnodwyd yn yr ardal.

O'r eglwys dilynwch y ffordd yn ôl i'r gilfan.

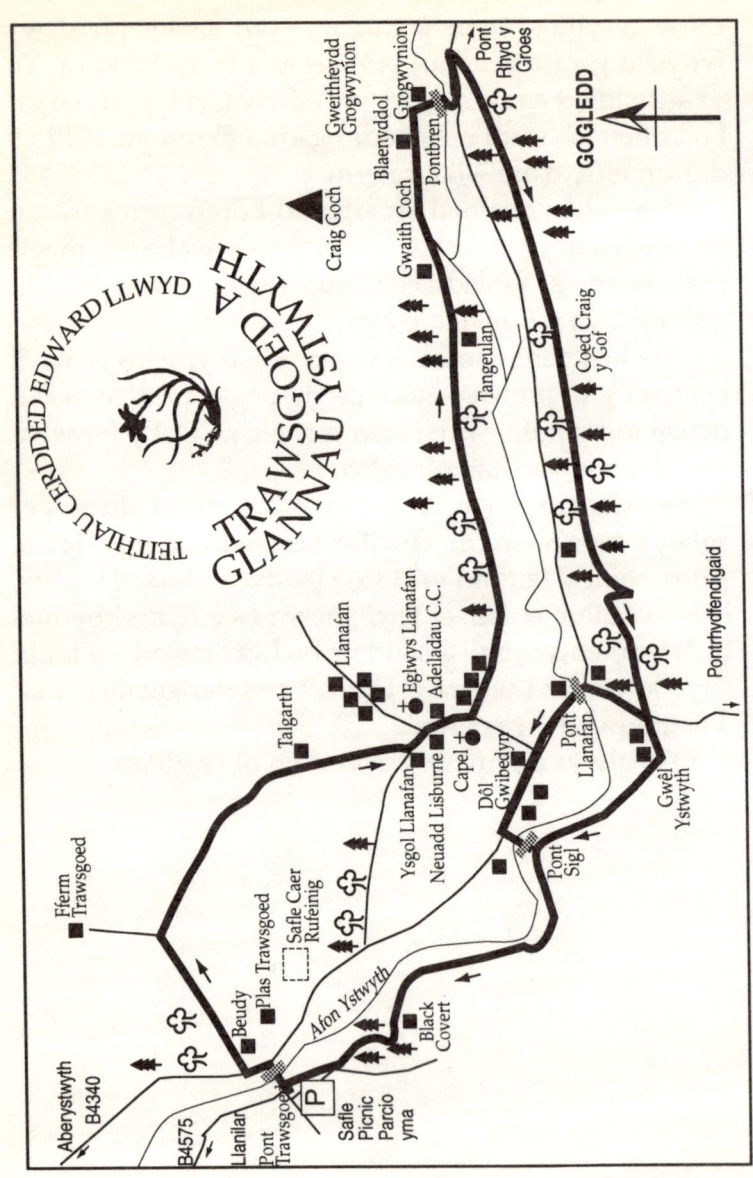

TEITHIAU CERDDED EDWARD LLWYD

TRAWSGOED A
GLANNAU YSTWYTH

GOGLEDD

Gweithfeydd Grogwynion
Grogwynion
Pont Rhyd y Groes
Pontbren
Blaenyddol
Gwaith Coch
Tangeulan
Coed Craig y Gof
Pontrhydfendigaid
Craig Goch

Llanafan
Eglwys Llanafan
Adeiladau C.C.
Talgarth
Ysgol Llanafan
Neuadd Lisburne
Capel
Dôl Gwibedyn
Pont Llanafan
Gwêl Ystwyth
Pont Sigl

Fferm Trawsgoed
Safle Caer Rufeinig
Plas Trawsgoed
Beudy
Afon Ystwyth
Black Covert

Aberystwyth B4340
Llanilar
B4575
Pont Trawsgoed
Safle Picnic Parcio yma
P

62

Trawsgoed a glannau Ystwyth
yng nghwmni Rees Thomas

Hyd y daith: 13 cilomedr/8 milltir

Map yr ardal: *Pathfinder* 947 (1:25,000); *Landranger* 135 (1:50,000)

Man cychwyn: Safle picnic ger pont Trawsgoed.

Sut i gyrraedd y man cychwyn: Dilynwch y B4340 (Aberystwyth i Bont-rhyd-y-groes) nes cyrraedd y B4575 (Llanilar i bont Trawsgoed) ac anelwch am bont Trawsgoed.

Lle parcio: Maes parcio safle picnic pont Trawsgoed.

Graddfa: Mae'r daith yn dilyn afon Ystwyth ac felly mae'n daith hawdd yr holl ffordd. Mae modd ei haneru os dymunir, felly mae'n addas ar gyfer pawb o bob oed.

Cyfleusterau ar y daith: Nid oes unrhyw gyfleusterau ar y daith.

Cyfarwyddiadau cerdded: Mae'r daith hon yn troedio ardal hen diroedd Abaty Ystrad-fflur ac yn ddiweddarach stad Trawsgoed. Mae tir gwastad da godro ar ochr yr afon a thir defaid yn uwch i fyny ond mae llawer o erwau'r fro erbyn hyn wedi eu plannu â choed.

Bu'r ardal yn bwysig yn hanes y diwydiant plwm ac arian a bu llawer o ddadlau ynglŷn â hawlfraint tir rhwng perchnogion stadau Trawsgoed a Gogerddan. Mae'r gweithfeydd mwyn wedi diflannu ers dechrau'r ugeinfed ganrif ond mae'r ardal yn llawn creithiau diwydiannol.

Mae afon Ystwyth yn enwog am ei physgod – brithyllod a sewin. Fe ystyrir yr ardal oddi amgylch pont Llanafan yn un o'r mannau gorau i bysgota. Gwelir llawer o goed yn yr ardal hefyd, coed gosgeiddig ac anarferol o amgylch y plas, coed naturiol y fro, a hefyd ardaloedd eang o goed bythwyrdd a blannwyd gan y Comisiwn Coedwigaeth. Yn hedfan uwchben y rhain gwelir y barcud sydd wedi hen gartrefu yn yr ardal.

O'r maes parcio/safle picnic cerddwch dros bont Trawsgoed, i'r chwith ac yna i'r dde drwy'r goedlan wrth ochr plas Trawsgoed, cartref y teulu Vaughan. Cyn dyfodiad y teulu roedd tiroedd pen uchaf afon Ystwyth yn eiddo i fynachlog Ystrad-fflur – anrheg oddi wrth Rhys ap Gruffydd yn y ddeuddegfed ganrif. Cafwyd y cofnod cynharaf o gysylltiad y teulu Vaughan â Thrawsgoed gan Adda Fychan yn 1292. Bychan oedd y stad hyd 1630 ond ar ôl hynny bu cryn fasnachu ac mae'n debyg fod ei thiroedd yn ymestyn dros ddau ar hugain o blwyfi. Hwy oedd y tirfeddianwyr mwyaf yng Nghymru yng nghanol yr ail ganrif ar bymtheg. Ni fu'n bosib ar unrhyw adeg i gofnodi stad Trawsgoed ar fap oherwydd roedd perchnogaeth y ffermydd yn newid yn fynych – y rhan fwyaf ohonynt yn cael eu hennill a'u colli wrth y bwrdd gamblo. Enillwyd llawer o dir drwy briodas hefyd.

Bu sawl un o'r teulu Vaughan yn Aelodau Seneddol dros yr ardal. John Vaughan oedd y cyntaf (yn 1695) ac ar yr un pryd cafodd ei anrhydeddu â'r teitl Is-iarll Lisburne y cyntaf.

Tua diwedd y bedwaredd ganrif ar bymtheg

gwelwyd dirywiad yn hanes y teuluoedd cyfoethog a'r tirfeddianwyr. Bu newidiadau yng ngwleidyddiaeth Cymru gyda'r Rhyddfrydwyr yn ennill tir ac arian yn symud o'r tir i ddiwydiant yn ogystal â threthi marwolaeth.

Yn ystod yr Ail Ryfel Byd defnyddiwyd y plasty i storio lluniau a.y.b. o amryw amgueddfeydd. Roedd y seithfed iarll yn ymddiddori mewn ffermio ac mae'n werth sylwi ar y beudy â'i gynllun anarferol a adeiladodd wrth ochr y plas. Ef hefyd a blannodd y rhodfa o goed palalwydden y byddwch yn cerdded ar ei hyd. Mae'r iarll presennol yn byw yn Llwydlo ar hyn o bryd ar ôl byw am gyfnod ar fferm yn Swyddffynnon. Bu'n dal llawer swydd uchelael yng Ngheredigion ac mewn mannau eraill yng Nghymru.

Ar ôl y rhyfel gwerthodd y seithfed iarll y ffermydd i'r tenantiaid, a'r plasty, fferm Trawsgoed a'r gerddi i'r Weinyddiaeth Amaeth yn 1947. Gwerthwyd y plasty gyda'r amod y byddai'r teulu'n cael y cynnig cyntaf i'w brynu'n ôl pe byddai'n cael ei roi ar werth yn y dyfodol, a dyna a ddigwyddodd yn 1996.

Gosodwyd Trawsgoed ar brydles i'r Weinyddiaeth Amaeth o dan ddatblygiad *NAAS (National Agricultural Advisory Service)*. Nod *NAAS* oedd codi safonau ffermio ar ôl yr Ail Ryfel Byd.

Roedd Trawsgoed yn lle allweddol yn natblygiad amaethyddiaeth a thrwy gydweithio â Gogerddan, Pwllpeirian a'r brifysgol mae'n bosib mai dyma'r dylanwad grymusaf ar amaethyddiaeth ym Mhrydain ac efallai yn Ewrop. Roedd gwasanaeth ymgynghorol Trawsgoed yn rhad ac am ddim – cyngor i ffermwyr ar gynhyrchu gwell stoc, gwell cnydau, systemau cadw cownt ac elw, economi gwella peiriannau gyda dyfodiad y tractor, iechyd a diogelwch, heintiau cynnyrch, cemegau a chwynladdwyr. Roedd yn sefydliad arbennig a wnâi waith arloesol i roi modd i gynhyrchu mwy o fwyd yn rhatach ac yn well.

Diwedd Trawsgoed oedd ymyrraeth y llywodraeth Doraidd a bu'n rhaid i'r ffermwyr dalu am y gwasanaeth yn hytrach na'i gael am ddim. Diddymwyd *ADAS* yn 1996 a bu'n ergyd fawr i economi'r ardal pan gollwyd dros gant o swyddi ymgynghorol a dadansoddol.

Ar ôl gadael y plas cerddwch ar hyd y feidr a chadw i'r dde ar ôl y fforch. Dilynwch y feidr heibio Talgarth cyn cyrraedd y ffordd fawr. Gwelwch yr ysgol a'r neuadd ar y dde a'r eglwys ar y chwith. Yn yr eglwys gwelir llawer o gerrig coffa, ffenestri lliwgar, dodrefn ac organ, oll yn rhoddion gan deulu Trawsgoed. Claddwyd sawl aelod o'r teulu o dan lawr yr eglwys yng nghladdgell y teulu Vaughan.

Yn y fynwent mae carreg fedd Joseph Butler, un o giperiaid Trawsgoed a lofruddiwyd yn 1868. Roedd y teulu Vaughan yn enwog am hela a saethu ac felly magwyd llawer o ffesantod bob blwyddyn er mwynhad y teulu.

Un noswaith yn 1868 roedd Joseph Butler a thri o giperiaid eraill y stad yn gwylio pan glywsant sŵn dryll yn tanio. Daliwyd un herwheliwr ond fe daniodd un arall ei ddryll gan ladd Joseph Butler yn y fan a'r lle. Dihangodd Wil Cefn Coed, un o'r herwhelwyr, a bu'n cuddio am fisoedd yn yr ardal. Yn 1869 dihangodd Wil o'r wlad drwy wisgo fel menyw. Fe'i cludwyd i Lerpwl ac ymfudodd oddi yno i'r Amerig. Dilynodd ei gariad ef ac fe briododd y ddau yno. Bu Wil farw yn Ohio yn 1921.

Ewch ymlaen heibio hen swyddfeydd y Comisiwn Coedwigaeth. Gobaith trigolion pentref Llanafan, trwy gymorth grantiau, yw prynu'r safle er mwyn creu swyddi drwy addasu'r adeiladau yn weithdai, swyddfeydd a chanolfan gymdeithasol.

Trowch i'r chwith ac yna i'r dde heibio Brynffion (ffordd goedwigaeth yw hon) a cherdded ymlaen nes y gwelwch arwydd (saeth felen) sy'n eich arwain i lawr at lwybr drwy'r goedwig ac at afon Ystwyth. Cerddwch hyd lan yr afon nes cyrraedd olion Gwaith Coch. Nid chwarel oedd Gwaith Coch ond melin i ailgylchu gwastraff o waith Fron-goch sydd ar ochr arall y mynydd. Codwyd yr adeilad yn ystod y Rhyfel Byd Cyntaf ac fe'i cysylltid â chwarel Fron-goch â rhaffordd awyr dwy filltir o hyd. Bu'r felin yn gweithio hyd at y 1920au a gwelir yr adfeilion a hefyd olion pompren a ddefnyddid i gario mwyn dros yr afon. Diddorol yw sylwi wrth gerdded ar hyd y feidr rhwng Blaen-y-ddôl a Grogwynion fod olion penfarch (leat) wrth ochr y ffordd. Yn uwch i fyny'r afon adeiladwyd argae a chronfa ddŵr. Arweiniwyd y dŵr oddi yno drwy Benfarch i Waith Coch ac roedd y pŵer a gynhyrchai'r rhodfeydd dŵr yn ddigon i droi holl beiriannau'r felin.

Dilynwch y llwybr dros y sticil, ymlaen drwy ardd Blaen-y-ddôl ac ar hyd y feidr heibio Grogwynion. Fe welwch pompren o'ch blaen, ewch drosti ac i ffordd Pont-rhyd-y-groes. Trowch i'r chwith ac yna i'r dde ar ôl canllath ar hyd ffordd y goedwig. Yna cerddwch yn syth yn eich blaen am tua milltir. Cadwch i'r chwith wrth yr adeiladau a daliwch i fynd yn eich blaen nes y gwelwch bostyn yn eich arwain i'r dde. Ewch i lawr at y nant a thros y bompren a dal i fynd ymlaen i'r chwith ar hyd llwybr cul, ac yna i'r dde ar ôl cyrraedd llwybr ceffyl nes cyrraedd y ffordd fawr gyferbyn â thai Gwêl Ystwyth. Mae llwybr cyhoeddus yn mynd yn syth ymlaen heibio i'r tai, dros y bompren ac yna i'r dde gan ddilyn yr afon nes cyrraedd y bont sigl. Yn anffodus mae rhan o'r llwybr hwn yn amhosib i'w gerdded ar hyn o bryd, felly rhaid troi i'r dde ar hyd y ffordd fawr i lawr i bont Llanafan a dilyn y ffordd hyd at Bont-fach. Trowch i'r chwith, cerdded dros y bont sigl a chyrraedd y llwybr sy'n dilyn yr afon ac i'r goedwig (*Black Covert*) nes cyrraedd yn ôl i'r maes parcio.

Rhai planhigion a welir ar y daith:

Gwyddfid
Ysgawen (*Sambucus nigra*)
Rhosyn gwyllt (*Rosa canina*)
Drain du (*Prunus spinosa*)
Drain gwyn (*Crataegus monogyna*)
Derw brodorol (*Quercus petraea*)
Derw (*Quercus robur*)
Derw coch (*Quercus borealis*)
Bedw arian (*Betula pendula*)
Cyll (*Corylus avellana*)
Helyg (*Salix alba*)

Castanwydden y meirch *(Aesculus hippocastanum)*
Castanwydden bêr *(Castanea savita)*
Onnen *(Fraxinus excelsior)*
Gwern *(Alnus glutinosa)*
Sycamorwydden *(Acer pseudoplatanus)*
Cerdinen *(Sorbus aucuparia)*
Palalwydden *(Tilia europaea)*
Ffawydd *(Fagus sylvatica)*
Oestrwydd *(Carpinus betulus)*
Rhododendron

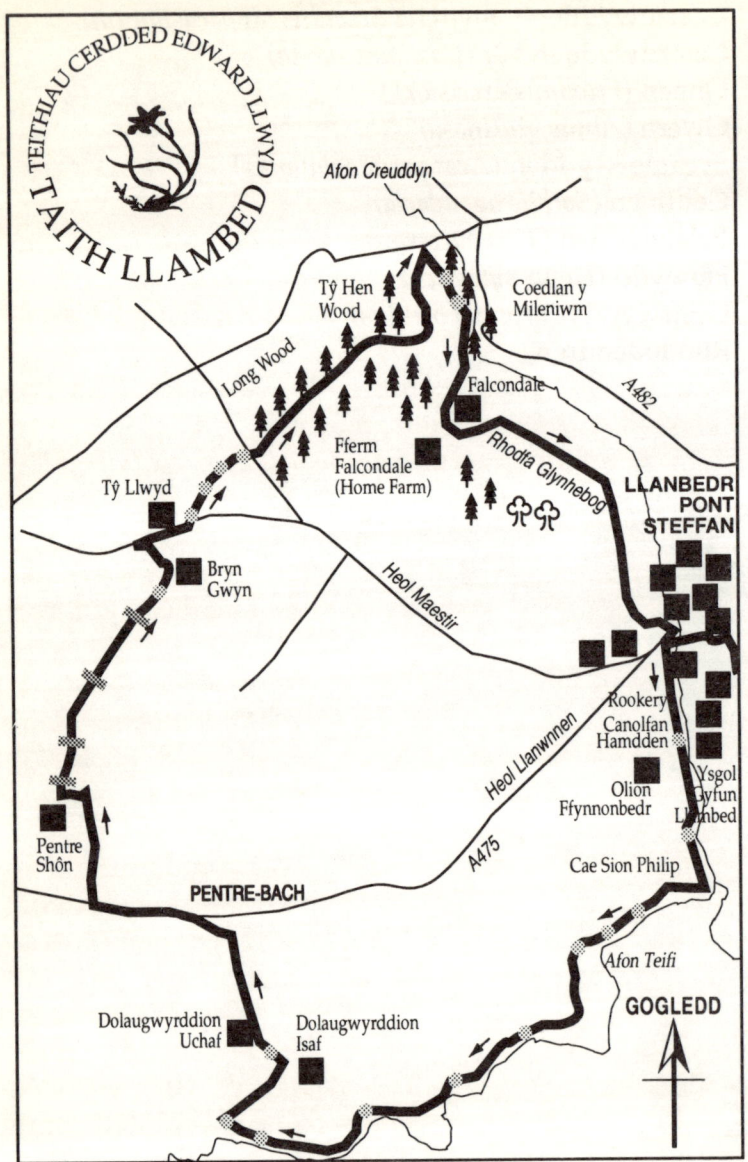

TEITHIAU CERDDED EDWARD LLWYD

TAITH LLAMBED

Afon Creuddyn

Tŷ Hen Wood

Coedlan y Mileniwm

Long Wood

Falcondale

A482

Fferm Falcondale (Home Farm)

Rhodfa Glynhebog

LLANBEDR PONT STEFFAN

Tŷ Llwyd

Bryn Gwyn

Heol Maestir

Heol Llanwnnen

Rookery

Canolfan Hamdden

Olion Ffynnonbedr

Ysgol Gyfun Llanbed

Pentre Shôn

A475

Cae Sion Philip

PENTRE-BACH

Afon Teifi

GOGLEDD

Dolaugwyrddion Uchaf

Dolaugwyrddion Isaf

Taith Llambed
yng nghwmni Ieuan H. Roberts

Hyd y daith: 11 cilomedr/7 milltir
Map yr ardal: *Pathfinder* 1012 (1:25,000)
Man cychwyn: Maes parcio'r Rookery.
Sut i gyrraedd y man cychwyn: Troi i'r chwith 1/4 milltir o ganol tref Llambed ar yr A475 i gyfeiriad Castell-newydd Emlyn.
Lle parcio: Maes parcio'r Rookery ger Canolfan Hamdden Llanbedr Pont Steffan.
Graddfa: Taith gylch ar dir amaethyddol yw hon gydag ychydig o ddringo graddol. Rhaid cadw cŵn ar dennyn a gall fod yn wlyb ar lannau'r afon.
Cyfleusterau ar y daith: Toiledau ger y maes parcio a phob math o gyfleusterau yn nhref Llambed gerllaw.

Cyfarwyddiadau cerdded:

Tal Pont Steffan oedd enw gwreiddiol Llambed. Mae'r enw'n cyfeirio at gastell mwnt a beili (sydd â'i olion ar dir y coleg) a godwyd gan y Norman Steffan, a daw y 'tâl' o'r toll a godwyd am groesi afon Teifi gerllaw. Dinistriwyd y castell yn 1137 gan feibion Gruffydd ap Cynan ac yn 1282 ffurfiwyd bwrdeistref Llanbedr Pont Steffan yn dilyn sefydlu Eglwys Sant Pedr gan Rhys ap Maredudd a derbyn siarter cyntaf y dref yn 1284. Ymwelodd yr Archesgob Baldwin a Gerallt Gymro â'r dref yn 1188 i recriwtio milwyr i ymgyrchoedd y Groes. Dinistriwyd Castell Steffan eilwaith yn 1403, yn ystod ymgyrchoedd Owain Glyndŵr. Erbyn yr unfed ganrif ar bymtheg Maesyfelin oedd cartref y Lloydiaid, arglwyddi'r fwrdeistref, ond bu farw nifer ohonynt yn ifanc yn ystod y can mlynedd a hanner nesaf. Dinistriwyd y plasty gan dân a defnyddiwyd y cerrig i adeiladu plasty newydd Ffynnon Bedr. Yn ôl coel leol digwyddodd hyn o ganlyniad i felltith y Ficer Pritchard o Lanymddyfri yn dilyn marwolaeth ei fab dan amodau amheus ym Maesyfelin.

Sefydlwyd Coleg Dewi Sant, Llambed gan yr Esgob Burgess o Dyddewi yn 1820 ar ôl casglu £19,000. Llanddewibrefi oedd ei ddewis gwreiddiol ond cafodd gynnig cae Castell Steffan am ddim gan J.S. Harford a phenderfynwyd adeiladu'r coleg yn Llambed. Agorwyd ei ddrysau am y tro cyntaf ar Fawrth y 1af, 1827 fel coleg diwinyddol. Cafodd y coleg yr hawl i gynnig Bagloriaeth mewn Diwinyddiaeth yn 1852 a seiliwyd y coleg ar ffurf colegau Rhydychen a Chaergrawnt. Daeth ysgol fonedd Wycliffe College yma dros gyfnod yr Ail Ryfel Byd ac yn dilyn cyfnod o broblemau ariannol ymunodd â Cholegau Prifysgol Cymru yn 1971.

Gadewch faes parcio'r Rookery a throi i'r chwith i gychwyn ar eich taith. Trowch i'r chwith eto ar briffordd yr A475 i gyfeiriad Castellnewydd Emlyn a heibio maes chwaraeon y brifysgol. Croeswch y bont dros afon Creuddyn a sylwi ar y bwthyn ar y dde. Hen ddollborth yw Bwthyn Pont-faen ac yn nherfysgoedd Rebecca ar y 1af o Awst, 1843 llwyddodd 450 o wrthryfelwyr i ddifrodi'r giât. Yma hefyd mae Carreg Pont-faen, sef carreg *paternoster* chwe throedfedd o uchder gyda chroes syml o linellau dwbl arni. Mae bellach wedi ei gorchuddio ym mur y bwthyn ac ni ellir ei gweld.

Trowch i'r cae ar y chwith ger arwydd llwybr cyhoeddus, cerdded drwy'r twll yn wal y bont a dilyn afon Creuddyn am dri chae (a thros ddwy sticil) nes cyrraedd afon Teifi. Os byddwch yn dawel efallai y gwelwch flach o las metalaidd ac oren llachar glas y dorlan yn hedfan dros yr afon. Ar ddiwedd y cae cyntaf trowch eich golygon i'r dde ac fe welwch olion plasty Ffynnon Bedr un lled cae i ffwrdd, gyda rhodfa o goed pisgwydd yn arwain ato o'r briffordd. Mae hanes diddorol iawn i'r lle hwn. Sylfaenwyd Ffynnon Bedr ger hen ffynnon Bedr gan David Evans, Uchel Siryf Sir Aberteifi yn 1642. Daeth ei dylwyth yn gyfoethog iawn pan newidiasant eu cefnogaeth o du'r brenin i blaid Cromwell yn ystod y gwrthryfeloedd. Yn 1695 penderfynodd Daniel, gor-ŵyr David Evans, ailadeiladu Ffynnon Bedr fel plasty o safon gyda phedwar tŵr, gardd ar y to a stablau i 25 o geffylau. Priododd ei ferch Elizabeth â Walter Lloyd o Foelallt, Llanddewibrefi a daeth Ffynnon Bedr yn eiddo i'w mab, yr anfad Herbert Lloyd. Er mwyn cael ei ethol yn Aelod Seneddol, creodd hwn nifer fawr o ddinasyddion i'w gefnogi a dywedir iddo hefyd dderbyn nifer fawr o nwyddau gwaharddedig gan Siôn Cwilt. Fel Ustus Heddwch roedd ei rym yn ormesol ac yn aml gosodai ei hun yn uwch na'r gyfraith. Roedd ei ddyledion yn enfawr ar ôl iddo golli llawer drwy hapchwarae ac ar yr 17eg o Awst, 1769 fe saethodd ei hun yn Llundain, yn ôl un stori. Fe'i claddwyd yn eglwys Llambed bythefnos yn ddiweddarach, a hynny yn y nos a'r bobl leol yn goleuo'r ffordd â thorchau.

Y trydydd cae yw Cae Siôn Phillip a dyma ni eto gydag hanes Syr Herbert Lloyd. Tyddynnwr tlawd oedd Siôn Phillip, perchennog y cae hwn ble'r oedd ei ddyddyn, ond roedd Syr Herbert yn awchus i brynu'r cae er mwyn ymestyn ei diriogaeth, yn arbennig am ei fod mor agos i'w blas. Gwrthodai Siôn bob cynnig am y cae a chythruddai hyn Syr Herbert, felly dyfeisiodd gynllun beiddgar i berchnogi'r cae. Cuddiodd ei hwrdd du yn stablau'r plas a lledu si fod yr hwrdd ar goll a'i fod yn amau lladrad. Yna, gorchmynnodd ei weision i ollwng yr hwrdd, yng nghanol y nos, i lawr simnau tyddyn Siôn Phillip a chael y cwnstabl lleol i fynd yno i chwilio am yr hwrdd. Cyhuddwyd Siôn Phillip o ddwyn yr hwrdd ac mewn llys yn Aberteifi lle'r oedd Herbert Lloyd wedi dewis y rheithgor, fe'i cafwyd yn euog o ddwyn yr hwrdd. Crogwyd Siôn Phillip ar Fanc y Warren, Aberteifi ym mis Ebrill, 1763. O ganlyniad i'r ddedfryd daeth Cae Siôn Phillip yn eiddo i Syr Herbert Lloyd.

Erbyn hyn byddwch wedi cyrraedd afon Teifi. Trowch i'r dde a cherdded yn gyfochrog dros dri chae a thair sticil. Yn y trydydd cae mae hen wely'r afon yn union ar y chwith gyda'r afon bresennol ymhellach draw. Mae yma gartref da i fywyd gwyllt megis telor yr helyg a hwyaid gwyllt. Ewch dros y sticil i'r pedwerydd cae a throi i'r chwith gyda'r afon am gan llath yn unig nes cyrraedd polyn cyfeirio. Yn y llwyni sydd o'ch blaen gwelir mulfrain weithiau yn gorffwyso ar ôl hedfan y 30 milltir i fyny'r afon o'r môr. Ger y polyn cyfeirio trowch i'r dde a cherdded yn syth am y polyn trydan. Byddwch yn colli un ddolen o'r afon yma. Sylwch ar enghraifft dda o ystumllyn (*oxbow lake*) ar y dde. Ailymunwch â'r afon hyd dau gae gan fynd dros bompren mewn lle gwlyb rhwng y ddau, ac yna dros sticil i fferm organig Dolaugwyrddion Isaf yr ochr draw. Diddorol yw cymharu'r gwahaniaeth yn y borfa yma.

Hanner y ffordd ar hyd cae cyntaf y fferm organig cadwch i'r dde gyda'r clawdd, camu dros y sticil a cherdded yn syth ymlaen nes dod i dro i'r chwith yn yr afon. Dyma le braf i orffwyso am baned ar ôl cerdded rhyw ddwy filltir. Wedi i chi ddadflino ychydig, cerddwch yn groes i'r cae gan eto golli dolen o'r afon, heibio ystumllyn arall ar y dde ac ewch drwy'r iet a dilyn yr afon ar y chwith. Ewch dros y sticil nesaf, dilyn yr afon ar y chwith ond trowch i'r dde a gadael yr afon cyn y sticil nesaf (un i bysgotwyr yw hon) a throi i'r dde ar hyd trac fferm ymhen hanner can llath. Wrth nesu at fferm Dolaugwyrddion Isaf, trowch i'r chwith cyn cyrraedd y pydew biswail. Croeswch bompren dros afonig fechan cyn cyrraedd heol y cyngor. (Dyma rai o'r adar a welais ar lan yr afon un mis Mawrth: glas y dorlan, hwyaid gwylltion, gwylan gefnddu fwyaf, giach, gwyddau Canada, coch y berllan, boda yn ogystal â chynffon fforchiog y barcud coch.)

Dilynwch yr heol i fyny i Bentre-bach nes cyrraedd priffordd yr A475. Trowch i'r chwith a cherdded ar hyd y briffordd gan gymryd gofal mawr am $\frac{1}{2}$ milltir, nes cyrraedd arwydd llwybr cyhoeddus ar y dde i fyny i fferm Pentre Shôn. Trowch ar y chwith i mewn i glos y fferm ac yna trowch ar y dde a mynd drwy'r iet sydd wrth dalcen y tŷ ac ymlaen ar hyd y trac. Pan gyrhaeddwch y caeau, ewch yn syth ymlaen dros y pedwar cae nesaf, cadw'r clawdd ar eich deheulaw a gofalu cau bob iet a oedd eisoes ynghau. Ym mhen uchaf yr ail gae mae'n werth edrych yn ôl ar yr olygfa i weld dyffryn Teifi a Llanybydder yn y pellter, a mwynhau gorffwys a phaned arall yng nghysgod y llwyni eithin. Yn y pedwerydd cae sylwch ar garreg fawr ym môn y clawdd gyda sgriffiadau arni. Tybiaf mai carreg wedi ei chario yma gyda rhewlif Oes yr Iâ yw hon. Ewch dros y sticil, heibio Bryngwyn ar y dde, troi i'r dde hyd heol y cyngor am 150 llath, heibio fferm Tyllwyd a dilyn y llwybr ar y chwith.

Cadwch i'r dde ar ôl mynd dros y sticil a chroesi tri chae ar hyd y clawdd. Byddwch yn ofalus iawn wrth ddod i lawr o'r sticil olaf gan eich bod yn disgyn yn syth i heol y cyngor sydd heb balmant. Lled-groeswch yr heol i'r dde a chymryd y llwybr i mewn i *Long wood*. Mae hon yn goedwig o goed ifanc cymysg – criafol, helyg, bedw, derw, ffawydd, ceirios, llarwydd, ynn a chastanwydd pêr ymhlith gormod o ddrain a rhedyn. Dilynwch y llwybr hirsyth nes cyrraedd heol goedwigaeth a dilyn hon nes cyrraedd heol y cyngor. Pan gyrhaeddwch heol y cyngor cymerwch y llwybr sy'n troi'n syth i'r dde a dilynwch hwn dros ddwy sticil nes cyrraedd rhodfa'r gogledd i Lynhebog. Trowch i'r dde a cherdded ar hyd yr heol i gyfeiriad y gwesty. Mae safle coedlan y milflwyddiant wedi ei sefydlu ar y chwith a chewch gyfle i groesi afon Creuddyn i archwilio'r fan cyn dychwelyd yn ôl i'r rhodfa.

Wrth ddilyn y rhodfa ewch heibio i'r *Home Farm* ar y dde cyn cyrraedd *Falcondale* ei hunan, sydd yn awr yn westy. Adeiladwyd y tŷ cyntaf yma yn 1820 gan John Scandrett Harford o Fryste yn dilyn ei briodas yn 1812 â Louise Hart Davies, etifeddes Ffynnon Bedr a oedd bellach yn furddun. Hefyd yn 1820 fe gododd J.S. Harford Neuadd y Dref ac addawodd dir i godi Coleg Dewi Sant. Yn 1859 fe chwalwyd y tŷ cyntaf a chodi'r tŷ presennol yn ei le mewn dull Eidalaidd. Bu'r teulu Harford yn gysylltiedig â'r tŷ tan 1952 pan y'i gwerthwyd i'r Cyngor Sir. Agorwyd cartref henoed yno, ond yn 1991 fe'i gwerthwyd eto i'r deiliaid presennol a drodd yr adeilad yn westy.

Cerddwch ymlaen heibio i'r gwesty, i lawr Rhodfa'r De ac yn ôl i Lambed.

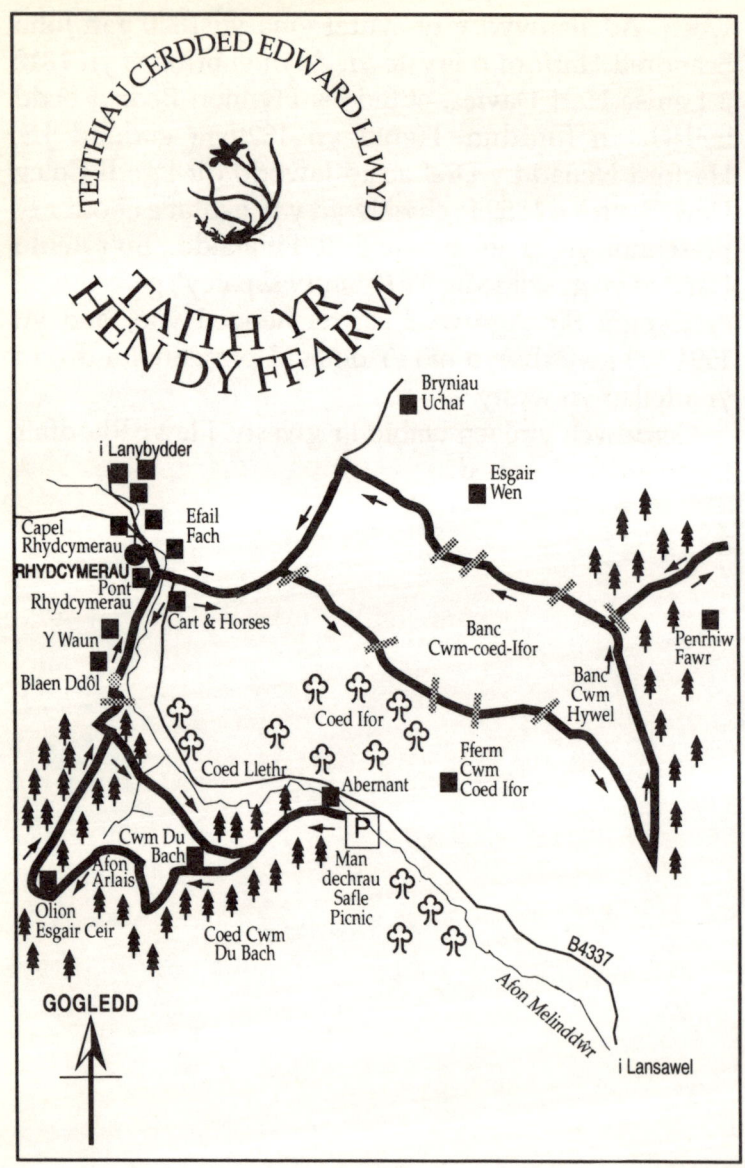

TEITHIAU CERDDED EDWARD LLWYD

TAITH YR
HEN DŶ FFARM

Bryniau
Uchaf

Esgair
Wen

i Lanybydder

Capel
Rhydcymerau

Efail
Fach

RHYDCYMERAU
Pont
Rhydcymerau

Banc
Cwm-coed-Ifor

Cart & Horses

Penrhiw
Fawr

Y Waun

Banc
Cwm
Hywel

Blaen Ddôl

Coed Ifor

Coed Llethr

Fferm
Cwm
Coed Ifor

Abernant

Cwm Du
Bach

Man
dechrau
Safle
Picnic

Afon
Arlais

Olion
Esgair Ceir

Coed Cwm
Du Bach

B4337

Afon Melinddŵr

GOGLEDD

i Lansawel

Taith yr Hen Dŷ Ffarm
yng nghwmni Ieuan H. Roberts

Hyd y daith: 12 cilomedr/7.5 milltir

Map yr ardal: *Pathfinder* 1035 ac 1036 (1:25,000)

Man cychwyn: Safle picnic ger y fynedfa i goedwig Cwm Du Bach.

Sut i gyrraedd y man cychwyn: Ar y B4337 (Llanybydder i Dalyllychau) mae'r safle picnic filltir i'r de o Rydcymerau.

Lle parcio: Y fynedfa i'r safle picnic.

Graddfa: Ychydig o ddringo graddol ar hyd llwybrau coedwig, llwybrau cyhoeddus, llwybrau tir cymen ac ychydig ar hyd heol. Mae rhai mannau gwlyb, un man lletchwith uwch afon a pheth cerdded ar draws tir amaethyddol gyda nifer fawr o ddefaid, felly rhaid cadw cŵn ar dennyn.

Cyfleusterau ar y daith: Siop a thafarn yn Rhydcymerau.

Cyfarwyddiadau cerdded: Cyn cychwyn y daith hon, da fyddai ichi ddarllen *Yr Hen Dŷ Ffarm*, D.J. Williams i gael cefndir yr ardal. Gadewch y car wrth fynedfa'r safle picnic gan wneud yn siŵr nad ydych yn rhwystro'r ffordd (bydd lorïau mawrion yn mynd heibio weithiau) a dechreuwch gerdded i fyny i'r dde. Ar ôl 200 llath edrychwch i lawr drwy'r coed ar y dde ac fe welwch dŷ Abernant lle bu D.J. Williams yn byw er pan oedd yn chwech oed.

Hen dŷ to gwellt ydoedd Abernant gyntaf, fel pob tŷ yn y wlad. A phan roed to teils arno . . . ni chodwyd y welydd fawr ddim yn uwch, a gadawyd yr hen drawstiau trymion, garw, o dan y llofft, heb eu symud . . . bu'n golled ddirfawr ac yn rhwystr i bawb a fu byw yn y tŷ byth oddi ar hynny. Yn ein hamser ni, er enghraifft, yr oedd y gegin yn isel a thywyll – rhwng y trawstiau trwchus a'r ystlysau cig moch, y rhwydi silots, ac, yn fynych, raff neu ddwy o wynws Llydaw, y drych yn ei le, a'i ffroenau, bob amser, yn boenus o gywir at dalcen yr hen gloc druan, basgedi o wahanol faint, bwndel neu ddau o wermod lwyd a gawmil wedi ei sychu, a llawer o drugareddau tebyg, anhepgorion tŷ ffarm, yn hongian o dan y llofft. Yn hirnosau'r gaeaf, rhaid, hefyd, gosod y lamp wen, fantellog, ar y ford fach, a'i golau esmwyth yn ehangu'r gorwelion . . .

Yr Hen Dŷ Ffarm, tud. 39

Cerddwch yn syth ymlaen gan ddringo'n araf hyd brif heol y goedwig am tua milltir. Mae lliwiau'r mwsoglau yn hyfryd ar y llechweddau yng nghysgod y goedwig. Os edrychwch yn groes i'r dyffryn gwelwch fferm Cwm Coed Ifor. Clywais mai Cwm Caed Ifor oedd yr enw gwreiddiol, i gofio lle daliwyd Ifor Bach yn y ddeuddegfed ganrif! Ychydig cyn cyrraedd y copa, dilynwch arwydd llwybr cyhoeddus ar y dde i lawr drwy'r goedwig ar hyd banc Esgair-ceir. Ymhen ryw 150 llath fe ddewch at olion Esgair-ceir ar y dde, man geni tad Gwenallt a lle deuai'r bardd ar ei wyliau o Bontardawe pan oedd yn blentyn, at ei fam-gu. Ystyr

Esgair-ceir yw 'cae hir ar sbardun mynydd', uwchben cwm afon Arlais sydd ar y dde. Mae olion cwt mochyn a adeiladwyd o gerrig mawrion ger y llwybr, gyda'r tŷ ychydig islaw.

Dilynwch y llwybr nes dod i heol y goedwig yn y gwaelod. Trowch i'r chwith am 60 llath yn unig ac yna i'r dde drwy ledagoriad yn y prysgdir. Nid oes arwydd llwybr yma ond dilynwch yr olion llwybr i lawr i'r gwaelod nes cyrraedd iet bren. Ewch drwy'r iet a throi yn syth i'r chwith a cherdded hyd ochr afon Melinddwr am tua 50 llath. Mae ffon yn gaffaeliad mawr yma gan fod llawer o dyfiant drain ar draws y llwybr – gwyliwch rhag cwympo i'r afon wrth fynd o amgylch y polyn ffens ar y gornel! Ar ôl troi'r gornel, chwiliwch am le i groesi'r afonig ymhen 20 llath. Efallai bydd yn rhaid ichi neidio'n groes. Croeswch goedlan fechan wlyb nes dod at iet fechan sy'n arwain i'r cae yr ochr draw. Mae melyn y gors yn tyfu'n hyfryd iawn yma ym mis Mai. Dilynwch afon Melinddwr am 150 llath gan gadw i'r chwith, a cherdded at dyddyn Blaen-ddôl ac yna ymlaen hyd heol Blaen-ddôl, heibio i'r Waun ac i Rydcymerau. Sylwch ar risgl corciog y ffynidwydden anferth ar y dde rhwng Blaen-ddôl a'r Waun; mae'n siŵr o fod yn lle da i bob math o drychfilod. Croeswch nant Moelen ar heol Blaen-ddôl yn union cyn dod i'r heol fawr yn Rhydcymerau gyda'r Efail Fach yn syth o'ch blaen a phont Rhydcymerau ar y dde.

Croeswch y bont gan sylwi ar yr adeilad gwyngalch to sinc yr ochr arall a arferai fod yn hen dŷ tafarn – y *Cart and Horses* y soniai D.J. amdano. Trowch i'r chwith ar hyd yr heol fach sydd wrth dalcen y *Cart and Horses* ac ewch ymlaen am dreuan milltir cyn dilyn y trac cyhoeddus ar y dde. Mae'r trac hwn ar hen heol Rufeinig a ddefnyddid hefyd gan y porthmyn dros Fanc Cwm Coed Ifor a Banc Cwm Hywel i lawr i Lansawel. Mae nifer o goed tresi aur yma, fel ar rannau eraill o'r daith, a byddant yn eu blodau ddiwedd mis Mai a dechrau mis Mehefin ac yn werth eu gweld. Os edrychwch i lawr i'r dyffryn ar y dde gwelwch fan cychwyn eich taith yn y goedwig, ond nid oes llwybr ar gael yn arwain i lawr o'r man hwn.

Pan gyrhaeddwch y cae cyntaf, cerddwch yn syth ymlaen gan dorri ymaith gornel fechan o'r cae ar y dde, mynd drwy'r iet i'r ail gae, croesi ffrwd fechan a chadw gyda'r coed derw. Mae lle hyfryd dan y coed hyn i orffwyso uwchlaw'r dyffryn ar ddiwrnod braf. Yn olion y clawdd rhwng yr ail a'r trydydd cae mae hen aradr ceffyl yn hir orffwyso. Daliwch i gerdded ar hyd Banc Cwm Hywel i big y trydydd cae sydd ar ffurf triongl nes daw golygfa o fannau Caerfyrddin a Brycheiniog i'r golwg yn y pellter. Trowch yn ôl ar y llwybr tir cymen gyda chlawdd arall y trydydd cae a'r goedwig ar y dde. Mae darn o'r goedwig newydd gael ei hailblannu a diddorol yw gweld pa mor barod yw planhigion cynhenid megis eithin, cerddin, celyn a bedw i hadu a sefydlu yma, ond gwaetha'r modd cael eu mygu gan y coed bythwyrdd fydd eu tranc.

Yn y trydydd cae, ar ôl troi'n ôl, mae iet yn arwain i'r goedwig ar y dde. Mae'r llwybr hwn yn mynd i lawr i Benrhiw-fawr (nid oes hawl i gerdded yr holl ffordd), ond braf yw mynd i ochr arall y goedwig er bod rhaid dychwelyd i'r lle hwn. Felly cerddwch i lawr ar hyd y trac, sy'n eithaf trafferthus i ddechrau, cyn cyrraedd ffordd goedwig a cherdded yn syth, heb droi, nes cyrraedd iet werdd yn arwain i gae. Nid oes gennych hawl i fynd ymhellach ond mae Penrhiw-fawr, man geni D.J. Williams, led dau gae o'ch blaen, gyda chapel a hen ysgol Esgairdawe yn y pellter ar y chwith. Esgair Fyda oedd yr enw gwreiddiol (sef 'sawdl bryn y gwenyn meirch'). Roedd cyn-berchennog y lle, un William James, yn Rhydychen yng nghyfnod Edward Llwyd a graddiodd yn glerigwr o Goleg Iesu yn 1704. Nid oes dim o olion y tŷ ar ôl; yr hen rod ddŵr sydd wedi goroesi orau.

Dychwelwch yn ôl i'r cae drwy'r goedwig a gorffwyso am baned cyn mynd yn ôl am Rydcymerau. Trowch i'r dde a cherdded i lawr gyda'r clawdd am dri chae nes cyrraedd y lle trochi defaid. Yma rhaid gogwyddo ychydig i'r chwith drwy'r iet ac ar hyd olion hen drac rhwng dau glawdd. Gall fod yn wlyb a mwdlyd yma. Ymunwch â heol fferm Esgairwen, cadw i'r chwith a throi i'r chwith eto ar hyd heol y cyngor a cherdded yn ôl i Rydcymerau.

Byddwch yn cyrraedd y pentref ger y *Cart and Horses* ond cyn dychwelyd ar hyd y llwybr i lawr ger afon Melinddwr, trowch i'r dde a cherdded i fyny at gapel y pentref a mynd i mewn i'r fynwent i weld bedd D.J. Williams a'i wraig. Fe'i gwelir ychydig lathenni ar y dde yn y fynwent gyda charreg goch o'i amgylch. Dychwelwch yn ôl at y bont, troi i'r dde a cherdded ar hyd y llwybr heibio Blaen-ddôl ger afon Melinddwr ac yn ôl i heol y goedwig. Yma rhaid troi i'r chwith a dilyn heol y goedwig heibio Cwm Du Bach ac yn ôl i'r man cychwyn.

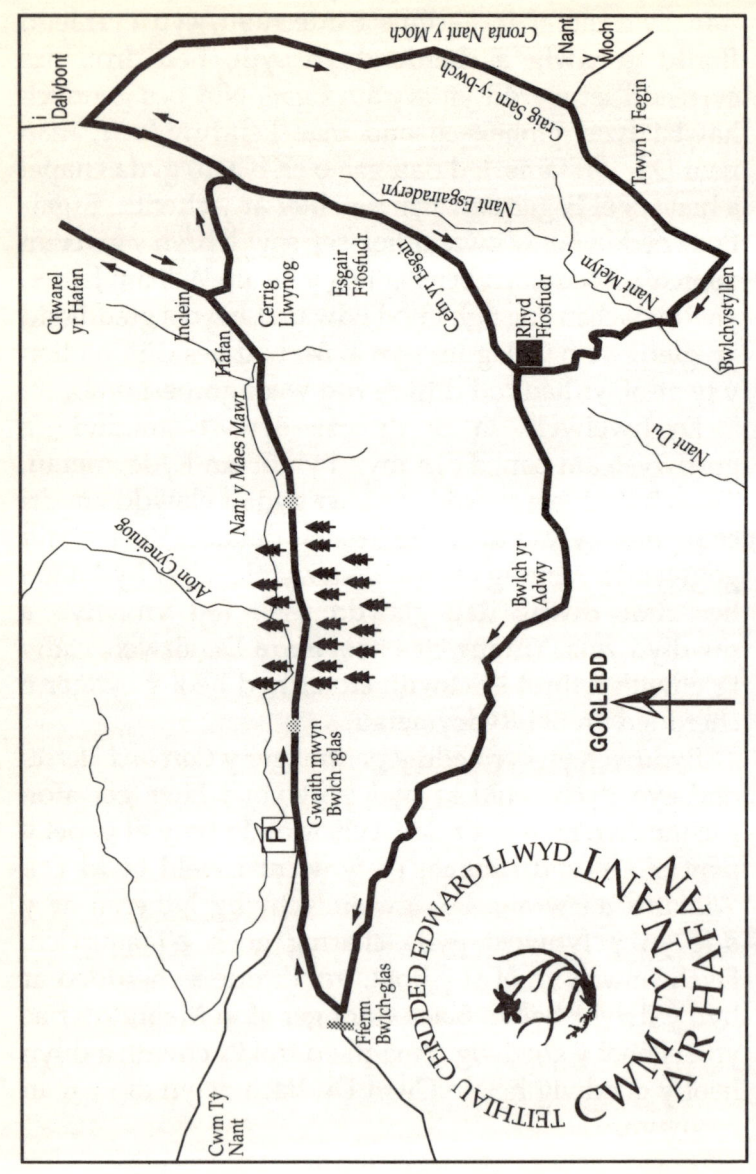

Cwm Tŷ Nant a'r Hafan
yng nghwmni Eddie a Bethan Jones

Hyd y daith: 11 cilomedr/7 milltir
Map yr ardal: *Pathfinder* 927 (1:25,000)
Man cychwyn: Gwaith mwyn Bwlch-glas
Sut i gyrraedd y man cychwyn: O sgwâr Tal-y-bont (Ceredigion) ewch i gyfeiriad Bont-goch (Elerch) nes cyrraedd Pontbren-geifr, nid nepell o Gwmere. Trowch yma i fyny Cwm Tŷ Nant nes cyrraedd gwaith mwyn Bwlch-glas, rhyw $3^1/2$ milltir o Dal-y-bont.
Lle parcio: Digon o le parcio yng ngwaith mwyn Bwlch-glas.
Graddfa: Mae un inclên serth i'w ddringo ond heblaw am hwnnw mae'r daith yn ddigon hwylus ac yn addas i unrhyw un sy'n arfer cerdded.
Cyfleusterau ar y daith: Mae blwch ffôn ger Cwmere a digon o gyfleusterau yn Nhal-y-bont.

Cyfarwyddiadau cerdded: Oddeutu 1870 darganfuwyd plwm yng nghyffiniau dyffryn Tŷ Nant ac fe agorwyd gwaith Bwlch-glas. Erbyn 1910 roedd 135 yn gweithio dan ddaear a 169 ar yr wyneb. Moderneiddiwyd y gwaith gan y *Scottish Cardigan Mining Co.* wedi'r rhyfel a chafwyd peiriannau newydd gyda pheiriant nwy i yrru'r deinamo. Gwahanwyd y plwm a'r sinc cyn ei gludo mewn lorri i'r orsaf reilffordd yn Llanfihangel Genau'r Glyn. Roedd peiriant disl i godi'r dynion a'r mwyn o berfeddion y ddaear. Roedd piben egsôst ddeuddeg modfedd i'r peiriant a oedd yn 400 llathen o hyd ac yn arwain o'r gwaith i ystafell er mwyn sychu dillad y dynion a fu ar y shifft olaf. Yn 1916 cafwyd 1,240 tunnell o fwyn plwm. Daeth Bwlch-glas yn un o'r gweithfeydd mwyaf modern yng Nghymru ond er hyn i gyd daeth terfyn arno tua 1920/24, ond bu'r peiriannau yno hyd 1930/32 cyn eu tynnu i lawr a'u gwerthu.

Drwy'r cwm
Clocsiodd mwynwyr Bwlch-glas eu milltiroedd ers
talwm –
Caethweision diniwed cyfalafwyr eu dydd
Yn tyrchu fel gwaddod trwy leithder crombil y ddaear,
Gan lusgo adre fin hwyr yn wlyb bob edefyn
Pan oedd bysedd rhew Mis Bach yn startsio eu dillad.

J.R. Jones

Wedi archwilio safle'r gwaith mwyn, dilynwch drac y rheilffordd drwy'r goedwig fechan. Wedi dod allan o'r goedwig mae llain wlyb ac ar rai adegau o'r flwyddyn gwelir digon o dafod y gors a chwyslys yno.

Cwblhawyd y rheilffordd fawr i Aberystwyth yn 1864 ond gan ei bod yn cadw'n agos at lan y môr, nid oedd o fawr ddefnydd i'r gweithfeydd mwyn oedd i fyny yn y bryniau. Yn 1896 dechreuwyd adeiladu Rheilffordd yr Hafan o Landre – lle'r ymunai â'r rheilffordd fawr – i Chwarel yr Hafan uwchben Tal-y-bont. Roedd yn barod erbyn 1897 gyda bron 9 milltir o drac. Roedd y trên cyntaf, y *Victoria*, yn un rhyfedd iawn ei ffurf, yn drafferthus a gwan a bu'n rhaid cael trên arall o fewn tri mis, sef y *Tal-y-bont*. Cafwyd dwy drychineb. Lladdwyd un gweithiwr pan gwympodd o dan y tryc ger Glanfrêd oherwydd bod rhywrai wedi rhoi rhwystrau ar y lein. Lladdwyd baban 8 mis oed pan gwympodd yntau o dan un o'r tryciau. Cafwyd trên ychwanegol ym mis Medi 1897, yr *Hafan*, a fu'n gweithio yn rhannau uchaf y trac. Dechreuwyd cario pobl ym mis Mawrth 1898 ar ôl prynu cerbyd arbennig, gan feddwl gwneud mwy o arian i dalu am y rheilffordd. Ond nid oedd y gwasanaeth yn talu am ei bod yn gynt i gerdded o Dal-y-bont i Lanfihangel yn aml iawn. Diddymwyd y gwasanaeth ym mis Awst 1898. Aeth y cerbyd hardd yn dŷ haf mewn gardd yn Llanbadarn a'r swyddfa docynnau yn gwt ieir i Lanfrêd. Caewyd y cyfan yn haf 1899. Roedd y garreg a gloddiwyd yn Chwarel yr Hafan yn rhy galed i draed ceffylau gerdded arnynt o'u defnyddio i wneud ffyrdd ac ofnwyd pe defnyddid hi i adeiladu argae Cwm Elan y byddai'n hollti ymhen amser. Defnyddiwyd llawer o'r cerrig i wneud morglawdd promenâd Aberystwyth ond nid oedd digon o werthiant i gadw'r chwarel ar agor. Codwyd y trac a gwerthwyd popeth i gwmnïau rheilffyrdd a gweithfeydd eraill ledled Prydain. Erys olion y trac mewn llawer man o hyd. Ar waelod yr inclên mae olion gwaith mwyn yr Hafan, gyda sawl siafft i'w gweld a'r pit a adeiladwyd yn 1853 gan Michael Barbery ar gyfer yr olwyn ddŵr.

Cysylltir gweithfeydd Hafan a Henfwlch gyda'i gilydd yn aml gan eu bod yn gweithio'r un wythïen. Yn 1620 Syr Hugh Myddleton oedd yn goruchwylio ac yna daeth William Waller yn 1702 gan godi sawl can tunnell o fwyn. Ef a ffurfiodd gwmni *Mine Adventures*. Yn 1698 yr oedd eisiau gweithio Esgair Hir, i'r gogledd o'r Hafan. Oherwydd ei fod mor anghysbell archebwyd cant o dai *pre-fabricated* yn Llundain a'u cludo dros y môr i'w codi yno yn 1699. Tua 1850 Job Sheldon oedd y pennaeth a gwnaed elw da. Torrwyd ffosydd i ddod â digon o ddŵr i droi'r rhod ond roedd cyfanswm y mwyn yn annigonol. Daeth eraill i roi cynnig ar dyllu yn eu tro. Cafwyd 600 tunnell yn 1867 ond yna daeth diwedd ar y gweithio. Caeodd gwaith Nant-y-cagl hefyd yn 1874. Ni chafwyd yno ond rhyw 600 tunnell o fwyn a 71 tunnell o gopr. Enw Saesneg y gwaith oedd *Eaglebrook* (sef 'nant' – *brook* a throdd 'cagl' yn *eagle*).

Byddwch yn ofalus wrth ddringo'r inclên. Wedi cyrraedd y pen fe ddewch i chwarel a agorwyd gan *McAlpine* sydd wedi chwalu olion y trac, ond fe ddewch o hyd iddo eto ar y chwith a gallwch ei ddilyn i Chwarel yr Hafan ryw hanner milltir i ffwrdd, a dychwelyd yr un ffordd (neu gellwch hepgor y darn yma).

Roedd rhan fwyaf y gweithfeydd mwyn yn yr ardal wedi cau pan benderfynwyd gweithio'r chwarel gerrig ac adeiladu'r rheilffordd i gludo'r cerrig. Penderfynwyd adeiladu inclên ddwbl i godi'r rheilffordd 400 troedfedd. Costiodd y rhan yma dros £500. Roedd *winding drum* ar y top ac fe godid y wagenni gwag gan bwysau'r wagenni llawn a âi i lawr at y trên a arhosai ar waelod yr inclên. Trên yr Hafan a weithiai o ben yr inclên i'r chwarel a'r Tal-y-bont (sef y *Rheidol* sy'n gweithio ar reilffordd Pontarfynach) yn tynnu'r llwyth i gwrdd â'r trên mawr yn Llandre.

Carreg dywod *greywacke* sydd yn y chwarel. Torrai

rhai y graig yn sgwariau (setts) i wneud ffyrdd yn Birmingham a Warrington. Gwerthwyd blociau hirion i wneud sleepers i ffyrdd tramiau ac aeth rhai tunelli o gerrig wast i wneud morglawdd a phromenâd Aberystwyth. Gwerthwyd rhai tunelli o gerrig i godi tai lleol hefyd ac i'r gweithiau mwyn a oedd yn dal mewn bodolaeth. Yn 1897-98 cludwyd 1,700 tunnell o gerrig ar y rheilffordd. Roedd 24 o wagenni, rhai yn dal 5 tunnell ac eraill yn dal 8 tunnell. Gwerthwyd y cwbl yn 1899 gan nad oedd digon o werthiant. Ymhen ychydig wedyn daeth gwaith mwyn Bwlch-glas i weithio eto ac fe allai'r rheilffordd fod wedi gwneud elw. Yn 1955-61 agorwyd chwarel arall ar ben yr inclên gan gwmni McAlpine i gloddio cerrig i ffurfio argae Nant-y-moch. Ers hynny mae'r fro yn dawel ac unig.

Wedi dod yn ôl at chwarel McAlpine bydd gennych ddewis yn awr. Dilynwch y trac llydan i'r ffordd fawr a dilyn honno hyd at lan llyn Nant-y-moch.

Mae'r dŵr glaw sy'n cael ei gasglu dros y 62 milltir sgwâr yng nghanolbarth Cymru yn cyflenwi pŵer i gynhyrchu trydan mewn tair gorsaf bŵer yng nghynllun hydro-electrig y Bwrdd Cynhyrchu Trydan Canolog yng Nghwmrheidol. Mae rhannau uchaf y cynllun ym mryniau anghysbell Pumlumon, dros fil o droedfeddi uwchlaw'r môr. Mae i'r ardal hon lawiad o rhwng 80 a 90 modfedd y flwyddyn ar gyfartaledd. Cesglir y dŵr mewn cyfres o gamlesi tanddaearol a'i sianelu i Nant-y-moch lle gwnaed cronfa ddŵr drwy godi argae fwtres 170 troedfedd o uchder ar draws afon Rheidol. Gall storio 5,700 miliwn galwyn o ddŵr. Mae 4000 galwyn o ddŵr yr eiliad yn mynd o Nant-y-moch i Orsaf Dinas ar hyd twnnel gwasgedd 2^1/$_2$ milltir o hyd. Yno mae tyrbin dŵr sy'n gallu cynhyrchu 13 megawat o drydan. Yna llifa'r dŵr i gronfa Dinas a ffurfiwyd gan argae fwa goncrid. Gall y gronfa hon storio hyd at 185 miliwn galwyn o ddŵr. Mae pibell 2^1/$_2$ milltir o hyd yn cario 5,000 galwyn o ddŵr yr eiliad o Dinas i Gwmrheidol, sef prif bwerdy'r cynllun lle ceir dwy set gynhyrchu 21 megawat. Rhed y dŵr i afon Rheidol gan lifo tua'r môr yn Aberystwyth rhyw ddeng milltir o'r brif orsaf bŵer. Filltir o Gwmrheidol mae argae 700 troedfedd o hyd a adeiladwyd i reoli llif yr afon gan roi iddi rediad cyson a rhwystro llifogydd pan fo glaw trwm.

Pan fo'r ffordd fawr yn troi i'r chwith, dilynwch y llwybr sy'n arwain tua Bwlchstyllen a Rhyd Ffosfudr. Ond os hoffech gadw oddi ar y ffordd fawr, yna wedi dod yn ôl at chwarel *McAlpine* cadwch ar y llwybr, mynd heibio i lyn bychan ar y chwith sy'n ddiddorol o ran pa blanhigion sy'n tyfu ger y lan, nes cyrraedd Rhyd Ffosfudr.

Cadwch ar y dde a cherdded ymlaen wedyn drwy Fwlch yr Adwy ac i lawr nes cyrraedd Clawdd y Mynydd – er bod llawer ohono wedi dadfeilio erbyn hyn – neu y Clawdd Eithaf. Byddai Prysiaid Gogerddan yn arfer 'Cerdded y Ffin' o Gwm Llyfnant i ben Craig y Pistyll bob blwyddyn i weld a oedd y clawdd yn cael ei gadw'n gyfan. Deuai swyddogion y gwahanol blwyfi i gyfarfod y sgweiar a chydgerdded ag ef. Cymerai ddeuddydd i'w gerdded.

Ewch drwy'r llidiart ac ymlaen gan gadw ar y llwybr a sylwi ar siafftau gwaith mwyn Bwlch-glas wedi eu ffensio ar y dde. Wedi cyrraedd uwchben fferm Bwlch-glas rhaid troi oddi arno i'r dde a dilyn llwybr byr yn ôl i lawr i'r man cychwyn yng ngwaith mwyn Bwlch-glas.

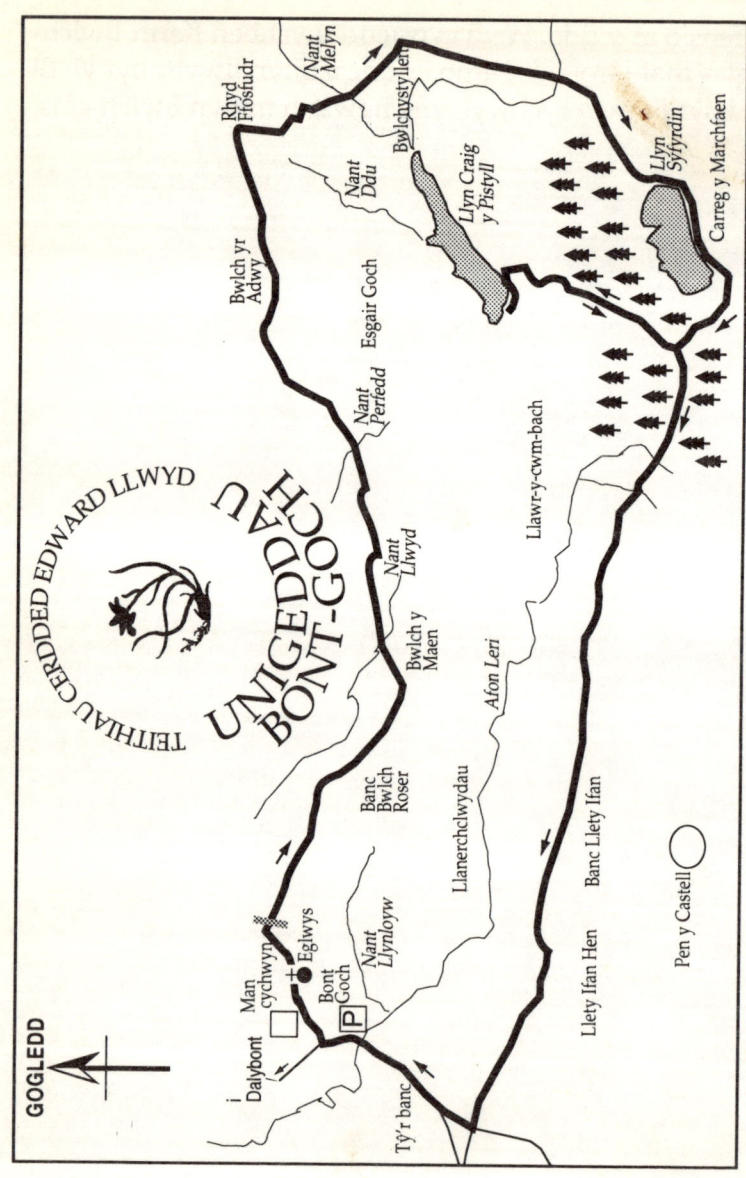

GOGLEDD

TEITHIAU CERDDED EDWARD LLWYD

UNIGEDDAU
BONT-GOCH

Dalybont
Man cychwyn
Eglwys
Bont
Goch
P
Tŷ'r banc

Nant
Llynloyw

Banc
Bwlch
Roser

Llanerchclwydau

Llety Ifan Hen

Banc Lletu Ifan

Pen y Castell

Afon Leri

Llawr-y-cwm-bach

Bwlch y
Maen

Nant
Llwyd

Nant
Perfedd

Esgair Goch

Bwlch yr
Adwy

Nant
Ddu

Rhyd
Ffosfudr

Nant
Melyn

Bwlchystyllen

Llyn Craig
y Pistyll

Llyn
Sufurdin

Carreg y Marchfaen

92

Unigeddau Bont-goch (Elerch)
yng nghwmni Eddie a Bethan Jones

Hyd y daith: 15 cilomedr/9 milltir
Map yr ardal: *Pathfinder* 927 (1:25,000)
Man cychwyn: Ger y bont ym mhentref Bont-goch
Sut i gyrraedd y man cychwyn: O sgwâr Tal-y-bont
(Ceredigion) dilynwch y ffordd am 4 milltir i Bont-goch.
Lle parcio: Llain o dir ger y bont a lle ger yr eglwys hefyd.
Graddfa: Taith hawdd, peth tir gwlyb, addas i bawb
sy'n arfer cerdded yr hyd yma.
Cyfleusterau ar y daith: Mae ffôn yn Bont-goch a digon
o gyfleusterau yn Nhal-y-bont.

Cyfarwyddiadau cerdded:

Mae Eglwys Llangorwen, Clarach (1833) ac Eglwys
Sant Pedr, Bont-goch (1868) yn gysylltiedig â Mudiad
Rhydychen a gychwynnwyd gan R.H. Froude, John
Henry Newman (*Lead Kindly Light*) a John Keble. Gŵr
pwysig arall ar gychwyn y Mudiad oedd y Parchedig
Isaac Williams a aned yn Cwmcynfelin, Clarach yn
1802.

Ficer cyntaf Llangorwen oedd y Parchedig Lewis
Gilbertson, perthynas i Isaac Williams, a bu yno o 1841
tan 1852 cyn mynd yn Is-brifathro Coleg Iesu,
Rhydychen. Yna penderfynodd ei dad, a oedd yn byw
ym Mhlas Cefngwyn, Bont-goch, godi eglwys newydd
iddo yn y pentref. Agorwyd hi ar ddydd Sant Pedr, ar
yr 28ain o Fehefin, 1868. Adeiladodd ficerdy mawr,
ysgol a thŷ i'r prifathro hefyd. Yn yr eglwysi hyn

defnyddid yr hen *Gregorian Chants* fel yn yr Oesoedd Canol. Eisteddai'r dynion ar un ochr a'r merched ar yr ochr arall a rhoddid cryn bwys ar seremonïau. Roedd John Keble yn ymwelydd cyson â Chefn-gwyn ac yn ysbrydoliaeth i'r adnewyddiad ym mywyd y ddwy eglwys. Claddwyd Lewis Gilbertson ger carreg sylfaen yr eglwys yn Bont-goch. Erbyn hyn mae'r ysgol wedi cau ac yn dadfeilio ac mae'r ficerdy a thŷ'r ysgol – *Elerch House* ers talwm ond Hafod Elerch heddiw – wedi eu gwerthu, ond mae gwasanaethau yn yr eglwys o hyd.

O'r bont ewch ymlaen heibio i'r eglwys i ben pellaf y ffordd, mynd drwy'r llidiart a throi i'r dde oddi ar y ffordd ac i fyny'r llwybr drwy'r cae. Wedi cyrraedd y copa cewch olygfeydd hyfryd y tu ôl i chi, gan gynnwys caer Pendinas, Aberystwyth, y gofgolofn enfawr a phentref Bont-goch oddi tanoch. Heb fod ymhell i'r dde o'r pentref fe welwch olion hen gaer arall a fu'n gartref ac yn warchodfa i drigolion yr ardal flynyddoedd lawer yn ôl.

Ymysg gweddillion cyn-hanesyddol Ceredigion y mwyaf amlwg yw'r caerau niferus o Oes yr Haearn. Sefydlwyd y bryngaerau hyn gan y bobl Geltaidd a ddaeth o'r cyfandir ychydig ganrifoedd cyn Crist. Bryd hynny roedd y tywydd yn gynhesach ac er bod y dyffrynnoedd yn gorsog ac yn llawn coed, roedd copaon y bryniau'n addas i ffermio a phori anifeiliaid arnynt ac yn gyfleus i sefydlu pentrefi caerog y medrid eu hamddiffyn rhag llwythau gelyniaethus a lladron gwartheg.

Fe saif caer Dinas Penpomprenucha ar ben bryn sy'n

serth ar ei ddwy ochr gydag afon Leri wrth ei odrau. Amddiffynnwyd hi gan glawdd o bridd a cherrig gyda ffos y tu allan. Ar ben y clawdd roedd ffens o bolion trwchus. Y tu mewn roedd lle i gadw'r anifeiliaid a thai ac ystordai mewn rhan arall. Roedd yn weddol ei maint – dyna pam y'i gelwid Dinas Penpomprenucha – a'i phrif ddiben oedd i wylio'r môr ac afon Dyfi. Gerllaw mae Gwaen y Gwyddyl a Nant y Gwyddel. Y Gwyddelod oedd y gelynion rheibus! Heb fod ymhell mae Carreg Cadifor, neu Carreg Defoir ('deffro' neu 'rhybuddio') i rybuddio'r caerau eraill drwy gynnau coelcerth. Mae llawer o gaerau eraill o fewn y cylch: Pendinas, Aberystwyth; Banc y Darren, Penrhyn-coch; Caer Llety Hen; Caer Llety Llwyd; Caer Allt-goch; Caer Pwll-glas; Caer Broncastellan a Chaer Bryn-hir a ddaeth wedyn yn Gastell Gwallter adeg y Normaniaid. Gyda dyfodiad y Rhufeiniaid gwnaed llai o ddefnydd o'r caerau hyn fel mannau preswyl.

Draw i'r chwith o'r gaer mae fferm a hen waith mwyn Mynydd Gorddu lle mae dau enghraifft o dir S.S.S.I., sef llyn a chae. Galwch yno i'w gweld cyn mynd adref.

Ewch ymlaen hyd at Fwlch y Maen. Edrychwch dros y wal i'r dde ac fe welwch gaer neu gorlan fechan lle'r arferai'r Brythoniaid gadw anifeiliaid yn ddiogel yn y nos. Trowch i lawr at afon Nant Lwyd, croeswch hi a dilyn y llwybr i fyny hyd at Fwlch yr Adwy. O'ch blaen mae Pumlumon, y Garn a Disgwylfa Fawr. Os mynnwch gellwch droi i'r chwith a dilyn y llwybr yn ôl i Bont-goch neu ymlaen â chi i'r dde, heibio Rhyd Ffosfudr a Bwlchstyllen a Rhyd-y-gaib at lyn Syfyrdrin.

Dilynwch y ffordd o amgylch y llyn nes dod i groesffordd. Os hoffech fynd draw i weld llyn Craig y Pistyll, ewch i'r dde am ryw hanner milltir ac ar ôl mwynhau gweld y llyn a'r argae, dewch yn ôl ac ewch yn eich blaen ar hyd y llwybr clir sy'n arwain yn ôl heibio Llety Ifan Hen i Bont-goch.

I gronni llyn Craig y Pistyll boddwyd Lluest Gwar y Graig yn 1877. Codwyd argae fel bod digon o ddŵr ar gyfer y gweithfeydd mwyn. Âi'r dŵr ohono drwy ffos a dorrwyd yn y graig, yna ar hyd cafn a grogwyd dros y ceunant, yna trwy dwnnel yn y graig i'r ochr arall. Mae'r twnnel yno o hyd a'r ochr draw, yn y coed, erys rhai o'r pileri cerrig a godwyd i ddal y cafnau pren a gariai'r dŵr i ochr arall y dyffryn ac yna ar hyd ffos i waith Llety Hen. Wrth adael llyn Syfyrdrin ar y chwith a dilyn y ffordd i Lety Hen, yn y coed ar yr ochr chwith gwelir olion Lluest Sarnau a Thafarn y Sarnau.

Mae dŵr o lyn Llygad Rheidol wedi ei bibellu dros 16 milltir i Gefnllan, Aberystwyth ers 1883. Yn 1939 crewyd Cronfa Craig y Pistyll o'r llyn a ffurfiwyd ar gyfer y gweithiau mwyn (1877-80), i gael cyflenwad digonol ar gyfer yr ardaloedd gwledig i'r gogledd o Aberystwyth, ac fe adeiladwyd gwaith puro dŵr ger y bont. Roedd digon o ddŵr yn weddill o'r gwaith i allu gwerthu peth i Aberystwyth yn yr haf pan oedd eu cyflenwad hwy yn brin. Erbyn 1962 gwelwyd fod angen gwella'r cyflenwad i Aberystwyth ac fe benderfynwyd uno'r ddwy gronfa gan ddod â dŵr llyn Llygad Rheidol i lyn Craig y Pistyll a chodi gwaith puro dŵr newydd heb fod nepell o'r hen un gyda 14 rhidyllwr at y 9 oedd yn yr hen waith. Gosodwyd pibell newydd o gronfa Hengaer yn Bow Street i gronfa Cefnllan yn Aberystwyth a phibellau llai i gario'r dŵr i bobman o fewn triongl Glandyfi-Llanrhystud-Ponterwyd. Mae rhyw 65 miliwn galwyn o ddŵr yn llyn Llygad Rheidol a rhyw 77 miliwn yn llyn Craig y Pistyll. Bydd rhyw 1^1/$_2$ miliwn galwyn y dydd yn mynd drwy'r gwaith puro a thros 2 filiwn y dydd yn yr haf. Yn 1988 pibellwyd dŵr llyn Llygad Rheidol yn syth i'r bibell sy'n dod allan o gronfa Craig y Pistyll yn hytrach na'i arllwys yn syth i'r llyn fel cynt, oherwydd bod dŵr llyn Llygad Rheidol yn llawer glanach a phurach na dŵr mawnog Craig y Pistyll. I buro'r dŵr defnyddir alwminiwm sylffad (neu fferic sylffad) i gael gwared â'r baw a lliw brown y mawn, a sodiwm carbonad i felysu'r dŵr cyn iddo fynd drwy'r rhidyllwyr. Yna defnyddir sodiwm hypoclorid i ladd y bacteria. Gall y gwaith fod yn awtomatig am o leiaf 72 awr heb i neb fynd ar ei gyfyl. Ehangwyd y gwaith eto ychydig flynyddoedd yn ôl.

Wedi dod o'r coed bydd Cwm Eleri yn agor o'ch blaen. Islaw cewch weld y ffosydd a gariai'r dŵr o Graig y Pistyll i waith mwyn Llety Ifan Hen.

Yn Llawr Cwm Canol arferai Thomas Morgan fyw. Bob haf âi i Aberdyfi i gael arian gan yr ymwelwyr drwy ddarllen eu pennau. Roedd mop o wallt mawr gwyn ganddo a galwai ei hun yn Professor Melini. Claddwyd ef ym mynwent Capel Ucha', Cwmerfin.

Bu gwaith mwyn yn Llawr Cwm Bach hefyd ac fe'i gwelir ar y dde. Y tad a'r mab a weithiai yno gan mwyaf rhwng 1851 ac 1882. Yn 1877 gweithiai chwech dan ddaear a dau ar yr wyneb ac fe gafwyd 13 tunnell o blwm a 130 owns o arian gwerth £224, ond erbyn 1882 dim ond un a weithiai yno.

Y tu ôl i fferm Llety Ifan Hen mae hen gaer Frythonig. Erys yr olion ers dros ddwy fil o flynyddoedd. Ar ei phwys mae gwaith mwyn Llety Ifan Hen, neu Vaughan fel y'i gelwid ef. Er yr holl drafferth i gael dŵr iddo ni fu'n llewyrchus iawn, er i dunelli o fanganîs gael ei gloddio yma.

Ar y dde wrth nesáu at y pentref gwelwch ddau dyddyn islaw. Yn Nhyddyn Llannerch Clwydau (neu Lan Elerch) roedd yr hen eglwys. Mae siâp y pulpud ar wal yr ysgubor. Enw'r llall yw Tyddyn Llyn Loyw. Mae chwedl am Cadifor – hen filwr a laddwyd ar Fanc Llety Ifan Hen. Llifodd ei waed i'r afon a'i chochi hyd nes cyrraedd llyn Loyw. Llifa'r dŵr yn loyw o'r fan honno.

Ar y ffordd fawr mae tai Pen Row ar y dde, neu Pen Ro (gro yr afon) i fod yn fanwl gywir. Codwyd y gwaith dŵr newydd ar safle'r Ro Fawr. Mae enw hyfryd ar hen swyddfa'r post, sef Gerddi Gleision.

Y tu ôl i Gapel Ebeneser, a godwyd yn 1833 ac a ailadeiladwyd yn 1874, mae Pistyll Padarn sydd â dŵr rhinweddol iddo. Arferai rhai fynd yno i ymolchi. Mae'r capel yn dŷ erbyn hyn er bod mynwent y tu ôl a'r tu blaen iddo. Ar y dde mae'r gwaith puro dŵr a ehangwyd yn ddiweddar. Wrth y bont mae'r hen waith dŵr a thros y ffordd gwelwch y llyn a gronnwyd i droi olwyn y felin.

O dan y felin (gwlân yn gyntaf; grawn wedyn) ychydig i lawr y dyffryn mae ceulan o glai arbennig. Bu ymgais i gychwyn gwaith brics ond methodd y cwmni â phrynu'r ddwy ochr i'r geulan ac ni ddaeth dim o'r cynlluniau.

Ar hyn o bryd mae pentref Bont-goch yn tyfu'n araf gyda theuluoedd ifanc yn symud yno i fyw.

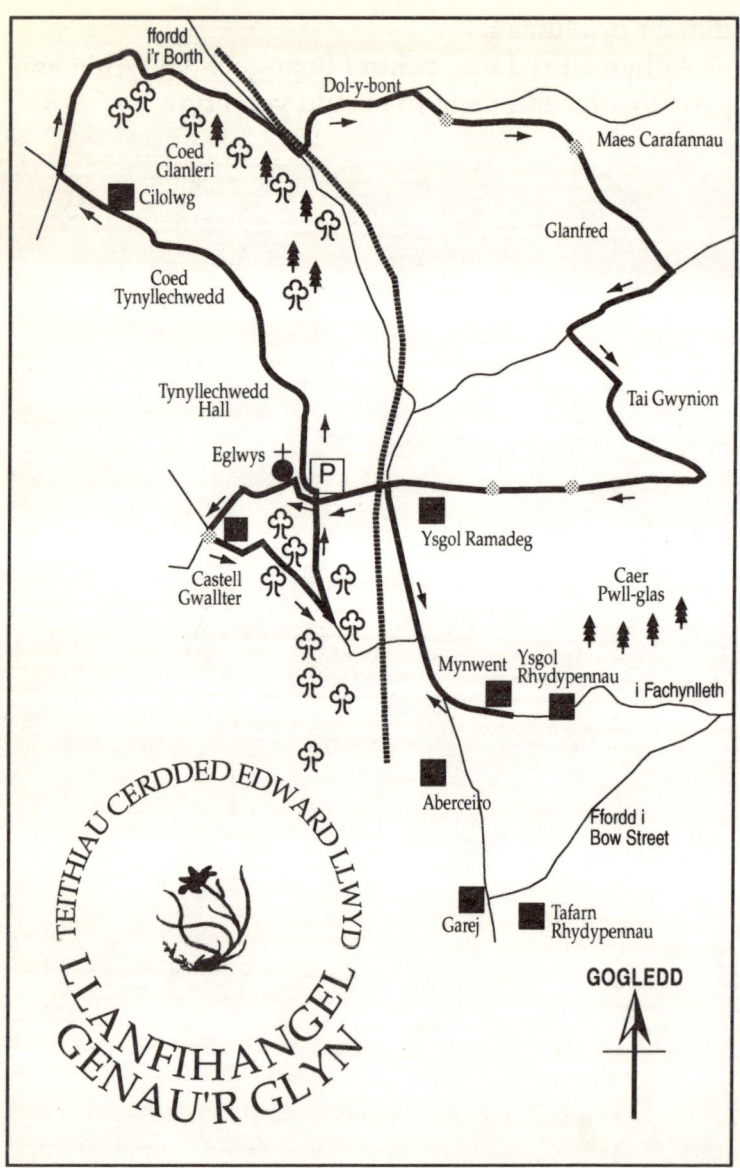

ffordd i'r Borth

Dol-y-bont

Maes Carafannau

Coed Glanleri

Cilolwg

Glanfred

Coed Tynyllechwedd

Tai Gwynion

Tynyllechwedd Hall

Eglwys

P

Ysgol Ramadeg

Castell Gwallter

Caer Pwll-glas

Mynwent

Ysgol Rhydypennau

i Fachynlleth

Aberceiro

Ffordd i Bow Street

Garej

Tafarn Rhydypennau

TEITHIAU CERDDED EDWARD LLWYD

LLANFIHANGEL GENAU'R GLYN

GOGLEDD

100

Llanfihangel Genau'r Glyn
yng nghwmni Eddie a Bethan Jones

Hyd y daith: 11 cilomedr/7 milltir
Map yr ardal: *Pathfinder* 927 (1:25,000)
Man cychwyn: Eglwys Llanfihangel Genau'r Glyn.
Sut i gyrraedd y man cychwyn: Dewch oddi ar yr A487
yn Bow Street a throi ar y B4353 i gyfeiriad y Borth.
Ymhen dim fe ddewch i Landre.
Lle parcio: Maes parcio Eglwys Llanfihangel Genau'r
Glyn neu Ysgoldy Bethlehem.
Graddfa: Taith hawdd, ambell fan gwlyb a dwy gamfa
go uchel. Rhan olaf y daith ar y ffordd fawr.
Cyfleusterau ar y daith: Tafarn yn Rhydypennau; ffôn
a siop ger y maes parcio yn Llandre; siop grefftau a
chaffi a Gwesty Ceiro a'i fwyty newydd.

Cyfarwyddiadau cerdded:
Ar y chwith ger maes parcio Eglwys Llanfihangel
Genau'r Glyn fe welwch Ffynnon Llanfihangel. Yn yr
Aberystwyth Observer yn 1867 gwelwyd yr hysbyseb
canlynol:

> *All those who are suffering from Rheumatism should
> bathe in the Llanfihangel Well, which is known to have
> cured a large number of persons afflicted with this painful
> disorder.*

Hefyd ceir peth o hanes y ffynnon yn y cyfrolau *Holy
Wells of Wales*, Francis Jones (1954) a *Folk Lore of West and*

Mid Wales, J. Ceredig Davies (1911) sy'n dweud:

> *It is surrounded by a small building and within a few years of the present time, people in search of health took the trouble of coming from long distances to drink from and to bathe in its waters.*

Mae'r ffynnon hon yn mesur tua 6'3" wrth 4'3" ac fe'i lluniwyd o slabiau o lechi nadd, o Gorris mae'n debyg, gyda grisiau i fynd i'w gwaelod i ymdrochi. Arferai pobl fynd ati ers talwm i gael gwellhad o'r gwynegon. Roedd iddi adeilad pren gyda seddau ar hyd yr ochrau ond chwalwyd y cyfan erbyn y Rhyfel Byd Cyntaf a'i llenwi rhag iddi fod o unrhyw berygl i blant yr ardal. Cafodd ei hailddarganfod a'i glanhau yn 1975 ond am gyfnod methwyd â chael arian i wneud dim â hi. Yn 1995 aethpwyd ati eto a chafwyd llwyddiant. Wrth wneud maes parcio i'r eglwys cafwyd arian i ddiogelu'r ffynnon ond yn anffodus fe'i hanffurfiwyd drwy ei gwneud yn grwn, cyn ei chau a gosod llwybr yn arwain ati a thacluso'r tir o'i chwmpas. Ond fe'i gwelir yn glir yn awr ac efallai, rhyw ddiwrnod, y gwneir defnydd ohoni eto.

Dringwch y llwybr sydd ar y dde i fyny at yr eglwys. Mae stori ddiddorol ynglŷn â'i chodi. Penderfynwyd adeiladu eglwys ar dir Glanffraid ond roedd y waliau a godid yn y dydd yn diflannu neu'n cael eu dymchwel yn y nos. Clywyd sibrwd yn y gwynt:

'Llan Fihangel yng ngenau'r glyn,
Ond Glan Ffraid Fawr gaiff fod fan hyn.'

Santes o Iwerddon (454-525) oedd Brigid neu Ffraid. Mae eglwysi wedi eu cysegru iddi ym mhob un o hen siroedd Cymru ac eithrio Môn, Arfon a Chaerfyrddin.

Newidiwyd safle'r eglwys i'r safle presennol islaw Castell Gwallter a defnyddiwyd cerrig y castell i adeiladu seiliau'r eglwys drwy eu rowlio i lawr y llechwedd serth i'r afon islaw.

Wedi codi'r eglwys i Sant Mihangel, nid i Santes Ffraid, galwyd yr ardal yn Llanfihangel Castell Gwallter rhwng 1500 ac 1700. Mae cwpan cymun yr eglwys yn dyddio o 1572 ac arni mae'r geiriau 'POCULUM ECCLESIAE DE CASTELL GWALLTER'. Ar ôl 1700 defnyddid yr enw Llanfihangel Genau'r Glyn ond erbyn heddiw mae'r hen enw Llandre yn fwy poblogaidd.

Adeiladwyd yr eglwys gyntaf yn rhannol o bren ond yn anffodus fe losgodd yn llwyr. Codwyd un arall yn ei lle ac ymhen amser dadfeiliodd hithau ac fe godwyd y drydedd eglwys, yr un bresennol, yn 1885. Yn 1961 daeth arbenigwyr i archwilio'r ywen ger yr eglwys a thystio ei bod yn agos i fil o flynyddoedd oed. Mae ffenestri diddorol yn yr eglwys – un o liw glas i goffáu Mr Joynson, y deintydd, ac un arall wrth y pulpud i goffáu Gwyn Jenkins, Siop Llandre, gŵr ifanc a oedd yn berchen llais swynol ond a gollodd ei fywyd pan losgodd yn ddamweiniol. Llun o Santes Cecilia (santes cerddoriaeth) a welir ar y ffenestr honno. Mae llawer o feddau diddorol ym mynwent yr eglwys gan gynnwys bedd Edward Lewis y *Globe Inn* a fu'n athro yn Ysgol Madam Bevan yn ne Cymru am 34 o flynyddoedd. Cerddwch oddi amgylch yr eglwys i weld yr ywen ac yna dringwch y llwybr sy'n gogwyddo i'r chwith a fydd yn eich arwain i'r ffordd gefn. Cadwch i'r chwith a phan ddewch i groesffordd chwiliwch am gamfa ar y chwith. Ewch drosti i weld Castell Gwallter.

Yn 1110 rhoddodd Harri'r Cyntaf yr ardal i Gilbert fitzRichard de Clare (*Strongbow*) a'r teulu hwn fu'n rheoli Ceredigion hyd 1136. Walter Espec, ei ffrind o ogledd Lloegr a newidiodd gaer Frythoneg Brynhir yn gastell mwnt a beili. Cariwyd peth cerrig o Glarach a thraeth y Wallog ond coed cadarn oedd y waliau a thŵr uchel o bren ar ben y mwnt. Bu farw Gilbert yn 1117 a phan laddwyd Richard y mab yn 1136 daeth Owain Gwynedd a'i frawd Cadwaladr o'r gogledd i ddial lladd eu chwaer Gwenllian, gwraig Gruffudd ap Rhys, Tywysog y Deheubarth. Llosgwyd Castell Gwallter a Chastell Aberystwyth yn 1136 a daethant yn ôl yn 1137 i chwalu Castell Gwallter yn llwyr. Ni atgyweiriwyd Castell Gwallter ac nid oes fawr wedi digwydd i'r olion ers hynny ar wahân i erydiad y tywydd.

Ewch o'r castell i gornel isaf y cae a thrwy'r llidiart sy'n eich arwain at lwybr. Dilynwch ef i lawr nes dod i'r ffordd fawr. Trowch i'r chwith yn ôl i gyfeiriad yr eglwys.

Ymlaen â chi, heibio i'r eglwys a'r maes parcio a dilyn y ffordd i fyny. Peidiwch â throi i'r chwith. Ewch ymlaen ar hyd y llwybr a aiff â chi heibio fferm Cilolwg. Trowch i'r dde a dilyn y ffordd drwy'r coed i lawr i'r ffordd fawr am y Borth. Ewch yn ofalus dan y bont reilffordd a throi i'r dde i bentref Dôl-y-bont. Pentref bychan ar lannau afon Eleri yw Dôl-y-bont. Codwyd tanerdy mawr yma yn 1859 a gyflogai 30 o weithwyr.

Roeddent yn enwog am gynhyrchu croen dafad i orchuddio rowleri melinau cotwm sir Gaerhirfryn a chroen i wneud cloriau llyfrau ac wrth gwrs, crwyn i wneud esgidiau. Ym mis Mai 1903 llosgwyd yr adeilad yn llwyr ac nis ailgodwyd ef.

Cyn dod at y bont trowch i'r dde heibio i gartref y diweddar R. Gerallt Jones, am y maes carafanau a thros y gamfa ar y dde i ddilyn y llwybr i Lanfrêd.

Roedd Glanfrêd yn gartref i Bridget Pryse, mam Edward Lhuyd. Pan aned Edward Lhuyd roedd ei dad, Edward Lloyd, eisoes yn briod ac fe ddiarddelwyd Bridget gan ei thad a'i hanfon ymaith. Maged Edward Lhuyd gan ei fam faeth, Catherine Bowen, yn Llanforda, cartref ei dad ger Croesoswallt . Nid oedd gan ei fam na'i dad lawer i'w ddweud wrtho pan oedd yn ifanc. Ysgrifennodd y tad at y fam, *'I neither have nor had obedience from him. I find nothing but arrogance and an undervalueing of all people but himself'*.

Yn ei ewyllys gadawodd Edward Lloyd £10 i Mrs Bridget Pryse a'i *'fine linen to Edward, son of Mrs Bridget Pryse, I do also commit Edward, son of Mrs Bridget Pryse into the tuition and care of my cousin Thomas Pryse of Llanfyllin'*.

Addysgwyd Edward Lhuyd yn Ysgol Ramadeg Croesoswallt lle bu wedyn yn athro, mae'n debyg. Yna, yn 22 oed, aeth i Goleg Iesu, Rhydychen i ddarllen y Gyfraith. Galwai'n aml gyda chwaer ei fam yn Ynys Grugog a byddai hithau'n achwyn ei fod yn cyrraedd yn ddirybudd gyda chriw o fyfyrwyr o Rydychen a hithau heb fwyd ar eu cyfer!

Bu Edward Lhuyd yn crwydro Cymru gan chwilio

am blanhigion ac fe ddarganfu un blodyn yn Eryri nad oedd wedi ei restru cyn hynny. Enw'r planhigyn hwn bellach yw *Lloydia serotina* a welir ar logo Cymdeithas Edward Llwyd.

Ar y beudy yng Nglanfrêd gellir gweld hen blac gydag arfbais Gogerddan arno.

Ymlaen â chi at y ffordd fawr ond wrth y fynedfa edrychwch i'r dde ac i'r chwith ac fe welwch lain gul, wastad o dir a oedd yn wely i Reilffordd yr Hafan.

Ewch ymlaen i'r dde ar hyd y ffordd nes dod i'r gyffordd ar y chwith sy'n arwain i fyny i bentref Tai-gwynion. Yma y bu J.J. Williams (1869-1954) yn byw, awdur yr englyn enwog i'w hen gartref:

Gweld deryn gwyllt, gweld derwen gam, –
                              gweld mawn,
    A gweld môr yn wenfflam;
    Gweled brwyn ar dwyn dinam,
    A gweled mwg aelwyd mam.

Ymlaen â chi i ddiwedd y ffordd a thrwy'r llidiart gan droi i ddilyn llwybr i'r dde. Yn y coed ar y chwith mae olion caer Frythoneg Pwll-glas.

Ewch ymlaen dros ddwy gamfa at hen adeilad eglwysig sydd nawr yn cael ei droi'n dŷ. Hen ysgol ramadeg oedd yma gynt. Mae sôn am ddwy o ysgolion Griffith Jones yn yr ardal. Dywedir bod bron i 250 yn eu mynychu yn 1765-66. Mae hyn wrth gwrs yn cynnwys plant ac oedolion a'r gweithwyr a fynychai'r ysgol nos. Enw un o'r ysgolion hyn oedd Ceiro Fach ym mhlwyf Llanfihangel. Hyd y gallwn weld, bwthyn bach yn agos i fferm Aberceiro ar dir Ruel Uchaf oedd Ceiro Fach. Mae llun o'r bwthyn ar gael yn y Llyfrgell Genedlaethol. Ceir hanes angladd John Evans, Ceiro Fach ym mis Mawrth, 1856 ond ni chafwyd sôn am y lle ar ôl hynny.

Adeiladwyd yr ysgoldy hwn yn 1806 ac o 1808 ymlaen hon oedd yr ysgol ramadeg leol gyda llawer o'r disgyblion yn symud ymlaen i ysgol enwog Edward Richards, Ystradmeurig ac oddi yno i Gaergrawnt a Rhydychen. Ond nid oedd yr athrawon yn aros yn hir. Ymgeiswyr am urddau eglwysig oeddynt yn cael cyfle i ennill arian er mwyn gorffen eu cwrs addysg eu hunain. Daeth Deddf Addysg 1870 i sicrhau addysg i bob plentyn rhwng 5 a 13 oed. Nid oedd yr Eglwyswyr yn cefnogi'r ysgolion a bu cryn ddadlau a gwrthwynebu ond codwyd Ysgol y Borth yn 1871 ac Ysgol Rhydypennau yn 1876. Caewyd Ysgol Llanfihangel yn 1879 gan drosglwyddo'r pum plentyn oedd ar ôl i Ysgol Rhydypennau.

Ewch i lawr y rhiw i'r ffordd fawr ac ar y chwith fe welwch siop. (Os mynnwch, gellwch groesi'r ffordd yma a mynd yn ôl i'r maes parcio.)

Trowch i'r chwith ac ewch ymlaen yn ofalus ar hyd y ffordd fawr. Ar y dde fe welwch res o dai Pantydderwen. Bu sawl siop ym Mhantydderwen ac yn y tŷ cyntaf roedd Dei Hughes y crydd a'r torrwr beddau yn byw. Mae ei weithdy yn dal wrth ochr y tŷ. Ef hefyd oedd clochydd yr eglwys ac arweinydd côr yr eglwys a Chôr Meibion Penygarn. Ym Mhenygroes, y tŷ olaf ar y chwith cyn troi am yr ysgol, roedd siop John Edwards a'i fab Edward a oedd yn deilwriaid. Yma y câi cotiau coch Gogerddan eu gwneud ar gyfer y gwŷr a'r gwragedd hela a siwtiau i'r pymtheg o giperiaid a staff y plas.

Ond cyn hynny, ac wedi pasio plasty Brongenau, fe welwch y Tŷ Clwb. Dyma fan cyfarfod cyfrinfa Castell Gwallter o Urdd y Gwir Iforiaid a sefydlwyd yn yr ardal yn 1841 gyda 90 o aelodau ac a barhaodd hyd 1948. Mudiad dyngarol ydoedd gyda'r aelodau'n cyfrannu er lles ei gilydd. Roedd yn fudiad cwbl Gymreig. Daeth yr enw o enw Ifor ap Llywelyn, neu Ifor Hael, cyfaill a phrif noddwr Dafydd ap Gwilym. Cynhelid cynhadledd flynyddol ganddynt a byddai'r aelodau'n gorymdeithio y tu ôl i faner arbennig gyda band yn arwain. Roedd y mudiad yn gefnogol iawn i lenyddiaeth Gymraeg a cheisiai gynnal ei holl weithgareddau drwy'r Gymraeg. Trefnwyd eisteddfodau gyda chystadlaethau areithio a darllen Cymraeg.

Trowch i'r chwith wedi ichi fynd heibio Penygroes ac ar y chwith mae Mynwent y Garn sy'n llawn hanes ac yn cynnwys beddau enwogion. Os oes gennych amser ewch i ddarllen y cerrig beddau. Y drws nesaf mae Ysgol Gynradd Rhydypennau a godwyd yn 1876. Uned feithrin yw hon heddiw.

Yn ôl â chi ar hyd yr un ffordd at y llythyrdy. Croeswch y rheilffordd ac ar y dde fe welwch Ysgoldy Bethlehem a adeiladwyd gan Gapel y Garn yn 1875.

Ewch yn eich blaen ac ymhen ychydig fe ddewch i olwg tafarn y *Black Lion*, Llandre. Croesawdy yw ei enw heddiw. Yma yr arferai'r porthmyn aros ar y Sul pan oeddynt yn teithio i'r de. Mae'r un teulu wedi byw yma ers 1800. Daliwch i gerdded ac fe welwch y maes parcio ar y dde ger yr eglwys.

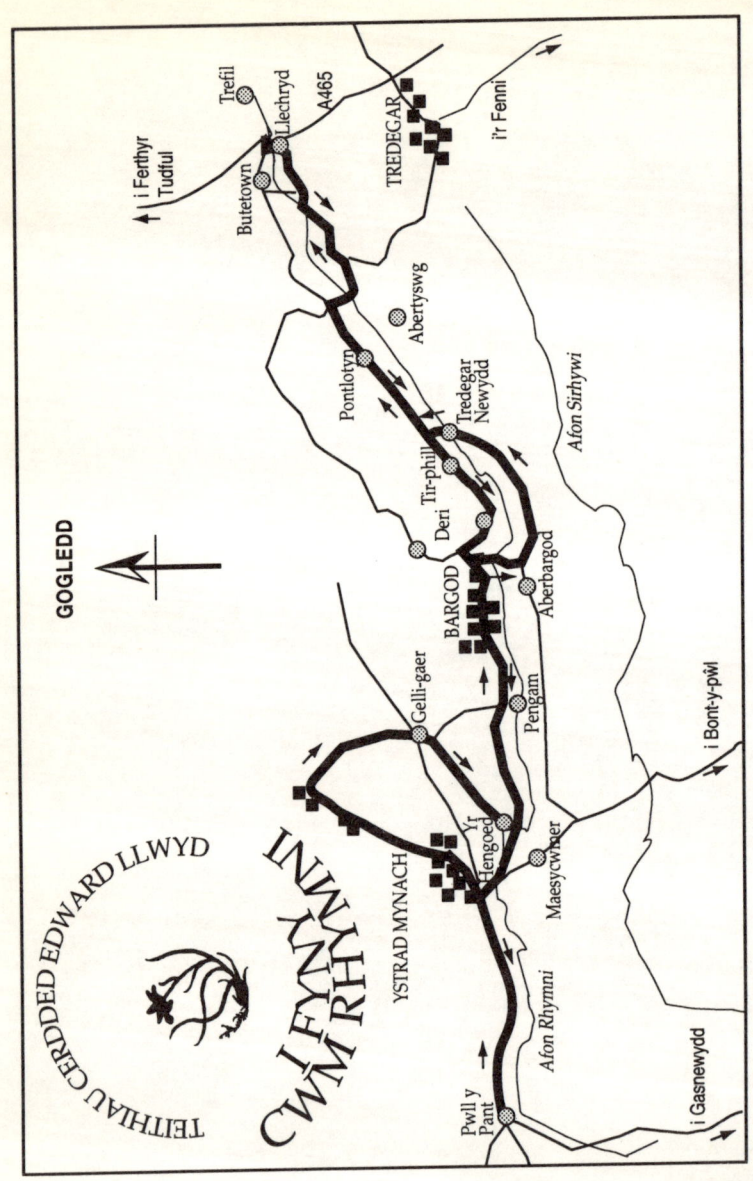

TEITHIAU CERDDED EDWARD LLWYD

CWM FYNNI RHYMNI

GOGLEDD

Trefil
Llechryd
A465
i Ferthyr Tudful
Butetown
TREDEGAR
i'r Fenni
Abertyswg
Pontlotyn
Tredegar Newydd
Deri
Tir-phill
Afon Sirhywi
Gelli-gaer
BARGOD
Aberbargod
Yr Hengoed
Pengam
YSTRAD MYNACH
Maesycwmer
Pwll y Pant
Afon Rhymni
i Gasnewydd
i Bont-y-pŵl

110

I fyny Cwm Rhymni
yng nghwmni Dafydd Islwyn

Hyd y daith: Tua 36 cilomedr/21 milltir

Map yr ardal: O.S. *Explorer* 166

Man cychwyn: Cylchdro Pwll y Pant

Sut i gyrraedd y man cychwyn: O'r A470 o Nantgarw trowch i'r A468 a'i dilyn hyd at *The Cedar Tree,* Caerffili – yr enw modern ar hen blasty Pwll y Pant. (O'r M4, trowch ar gyffordd 32 i'r A470 am Nantgarw.)

Lle parcio: Maes parcio y *Cedar Tree*
      maes parcio swyddogol yng nghanol Llanbradach
      maes parcio swyddogol yn Ystradmynach
      maes parcio swyddogol ym Margoed
      maes parcio swyddogol ym Mhontlotyn
      maes parcio yr orsaf reilffordd yn Rhymni

Graddfa: Gan mai taith lenyddol yn bennaf yw hon, taith mewn car, bysus bach y wlad (bws mini) neu fws preifat yw hi gyda mannau aros pwrpasol ar y daith e.e. mannau aros bwsiau cyhoeddus efallai yn ogystal â meysydd parcio swyddogol y cyngor a mannau eraill.

Cyfleusterau ar y daith:

Toiledau gwesty y *Cedar Tree;* toiledau cyhoeddus a chaffi yng nghanol Ystradmynach a thoiledau a bwyty yn siop *Tesco.* Toiledau ar y sgwâr a phedwar caffi ym Margoed a ffôn gyhoeddus ar y sgwâr a ger Banc y Midland. Caffi ar y sgwâr ym Mhontlotyn.

Cyfarwyddiadau cerdded:

Y darlun ystrydebol o Gwm Rhymni yw mai cwm diwydiannol sydd wedi mynd â'i ben iddo yw'r lle.

111

'Twll o le' yw'r sylw arwynebol. O oedi a chofio mai natur a dyn a'i ddaliadau sy'n rhoi cymeriad i unrhyw ardal, mae'r cwm yn fyw.

Drwy'r canrifoedd bu dyn yn diwyllio'i hun a'i genedl ar lannau afon Rhymni, ardal sydd â chyfoeth i'w thirwedd. Wrth grwydro'r cwm i ymweld â'r lleoedd sy'n gysylltiedig â beirdd, llenorion a chantorion gellir oedi hefyd ger cynefinoedd planhigion a bywyd gwyllt y cwm. Gellir treulio amser yn hen chwarel Pwll y Pant – cynefin y rhedyn cyfrodedd, Mynydd Dimlaith, Nant Twyn, Coed Penallta, cloddiau Gelli-gaer, traphont Maes y Cwmer, Cwm yr Allt, Cors Tredegar Newydd, glan afon Rhymni ger Pontlotyn ac uchelweundir Llechryd.

Yn ddaearyddol gellir rhannu'r cwm yn bedair rhan. O Bwll y Pant i gyffiniau Ystradmynach mae'r cwm yn wledig ei naws gyda'i lethrau coediog fel Coed Llangwm ar un ochr a Choed Magaret Shon yr ochr arall. O Draphont Maes y Cwmer i fyny am Fargoed mae'r cwm yn fwy agored a gwelir nodweddion yr ardal o Gefn Hengoed. O Draphont Bargoed i fyny at Graig Rhymni mae'r cwm yn culhau ac mae'r llethrau'n fwy serth a garw. Mae llechweddau Cefn y Brithdir ar un ochr a Chraig Gelliwen a Chraig Bedw ar yr ochr arall fel petaent yn pwyso ar y fro. O Droedrhiwfuwch i Lechryd mae'r cwm yn fwy agored a'r llethrau'n llai bygythiol wrth iddynt ymdoddi i weundir Blaen Rhymni.

O gylchdro Pwll y Pant y cychwynnir y daith hon. Dilynwch yr A469 sy'n arwain i'r gogledd i fyny'r cwm. Yng ngheg y ffordd y saif gwesty'r *Cedar Tree*, hen blasty Pwll y Pant. Yma y ganed y Parchedig David Williams (1709-1784), gweinidog ac athro gyda'r Annibynwyr. Bu'n gohebu â Howell Harris cyn iddynt ffraeo ynghylch yr athrawiaeth o sicrwydd maddeuant. Bu mewn cysylltiad â Griffith Jones, Llanddowror hefyd i archebu rhai cannoedd o'i gatecismau ar gyfer un o ysgolion cychwynnol yr ardal. Yn ei ysgol yn y Watford, Mynydd Caerffili, yr addysgwyd Thomas Morgan, Dyffryn Uchaf, Morgan John Rhys, Llanbradach a David Williams, Waunwaelod.

Yma ar ddechrau'r ugeinfed ganrif yr oedd taid a nain yr awdures Mary Corbett Harris yn byw. Yn ei chyfrol *Atgofion am Lanfachreth*, y pentref ger Dolgellau, ceir tair pennod ddiddorol iawn am fywyd ym Mhwll y Pant.

O Bwll y Pant am Lanbradach trowch oddi ar yr A469 newydd i'r hen A469 a tharo pentre Llanbradach. Bu'r Parchedig Evan Jones (Gurnos) yma'n gweinidogaethu am dair blynedd olaf ei oes. Enillodd y gadair yn yr Eisteddfod Genedlaethol yn 1874 ac yn 1892. Cyhoeddodd bedair cyfrol o farddoniaeth. Rhagorai yn ei ganeuon byr, ei benillion diarhebol a'i ddarnau adrodd. Bu farw yn 1903.

Un arall a fu'n gweinidogaethu yn y pentref ar derfyn ei oes oedd y Parchedig John Owen (Ap Glaslyn, 1857-1934). Gwelir rhai o'i gerddi yn *Yr Adroddwr*, Deiniol Fychan (1898) a *Cherddi Eryri*, Carneddog (1927). Yn 1876 cyhoeddodd gyfrol o'i waith – *Y Llenor Ieuanc* a phryddest 'Y Dymestl'.

Yn yr Eisteddfod Genedlaethol yn 1924 enillodd Lisabeth Margaret Roberts wobr am y gyfrol *Plant*

Cenhedloedd Eraill a gyhoeddwyd yn 1929 gan Wasg y Bala. Bu hi am flynyddoedd yn brifathrawes Ysgol y Genethod, Llanbradach. Un o Langwm ydoedd yn wreiddiol ac roedd yn ffrind agos i R. Williams Parry.

Yn y gyfrol *Cymdogion* gan D. Emrys Rees y ceir y portread byw gorau o gymdeithas 'y Brad'. Yn ôl Dafi Jâms o Fanc Sion Cwilt, 'lle ar y cythreul oedd Llanbradach'!

Yn ôl Gwynfor Evans yn ei gyfrol *Seiri Cenedl y Cymry*, mae Morgan John Rhys (1760-1804), mab y Graddfa, Llanbradach yn un o fawrion ein cenedl. I fynd i weld y fferm rhaid troi oddi ar y briffordd yng nghanol Llanbradach a dilyn y ffordd gul sy'n arwain heibio i'r orsaf am yr ucheldir. Prin y gwnaeth neb yng Nghymru ei oes ef gymaint i greu cydwybod gymdeithasol a chydwladol iach trwy genhadu a sgrifennu. 'Cenhadodd yn egnïol dros ryddid gwleidyddol a chrefyddol,' yn ôl Gwynfor. Yn y cylchgrawn *Y Piwritan Newydd* yn 1906, canmolodd tad Waldo Williams Morgan John Rhys am ei safiad o blaid rhyddid crefyddol.

O Lanbadrach ewch i fyny'r cwm am Ystradmynach ar yr hen A469, heibio i Darran y Morthwyl (a godwyd yn 1570), Melin Llanbradach (sy'n dyddio'n ôl i'r unfed ganrif ar bymtheg) a chyrraedd Ystradmynach.

Ewch yn eich blaen i ganol y dre ac i fyny am Gelli-gaer, heibio i safle Penallta. Suddwyd y pwll glo yn 1906. Nawr byddwch wedi cyrraedd sgwâr Gelli-gaer ac fel yr awgryma'r enw, yr oedd yma orsaf Rufeinig gynt. Codwyd hi yn 74-78 O.C. Mae'r eglwys wedi ei chysegru i Sant Catwg, y Cristion cyntaf i ymweld â'r fro. Yma yr oedd awdur 'Armes Prydain' yn byw. Cerdd yn dyddio o tua'r flwyddyn 900 yw hi a hon yw 'ein cerdd genedlaethol gyntaf' yn ôl Bobi Jones.

Ar y B4254 o Gelli-gaer, ewch i lawr heibio Glyngaer a throi Ymhen Pedair Heol am Hengoed. Rhaid oedi wrth Gapel Hengoed, achos y Bedyddwyr sy'n dyddio'n ôl i 1650. Gweinidog yr achos rhwng 1809 ac 1853 oedd y llengar John Jenkins (Shôn Shincyn), diwinydd, golygydd a chyhoeddwr. Ei fab, Llewelyn Jenkins, a ysgrifennodd *Hanes Eglwys y Bedyddwyr Neillduol yn Hengoed*. Dyma fam eglwys Morgan John Rhys, y radical mawr.

I lawr oddi yno ewch i Ystradmynach ac ymuno â'r hen A469 a throi am y draphont enwog – traphont Maesycwmwr. (Wrth deithio gellir canu'r dôn 'Hengoed'!) Bu teulu'r diweddar Syr Thomas Parry yn byw yn Hengoed. Yn yr ardal hon, ardal King's Hill, y lletyai'r bardd Cymreig Alun Lewis. Mae ei gerdd *'Destruction'* yn sôn am y lle.

Ar y map, A469 yw'r lôn, ond New Road yw ei henw ar lafar er iddi gael ei hadeiladu a'i hagor yn 1920! Pan gyrhaeddwch Lan-y-nant, croesffordd Pengam, fe welwch Ysgol Lewis i Fechgyn, ysgol enwog. Oddi yma yr aeth D.J. Williams i Abergwaun yn athro Saesneg. Am un tymor yn unig yn 1918 y bu'n athro yn yr ysgol.

Ymhen y flwyddyn dechreuodd H.D. Jones B.A. fel athro Cymraeg yn Ysgol Lewis i Fechgyn. Flynyddoedd ynghynt yr athro Cymraeg (ac un ysbrydoledig ydoedd hefyd) oedd Tom Mathews, brodor o Landybïe. Ef oedd yr ysbrydoliaeth i gyhoeddi llyfrau yn yr ysgol: *Llên Gwerin Blaenau Rhymni* (1912) a *Dail y Gwanwyn* (1916).

Ef hefyd oedd awdur *Iolo Goch* yng Nghyfres y Fil.

O barhau ar hyd yr A469 i fyny'r cwm fe ddewch at Gilfach Fargoed – man geni y cyfansoddwr Alun Hoddinot yn 1929. Oedwch wrth yr Ysgol Gynradd Gymraeg. Gweithiodd y Prifardd Rhydwen Williams gerdd iddi pan ddathlodd 25 mlynedd o fodolaeth. Bu'r awdures llyfrau plant Mrs Margaret Davies yn dysgu ynddi am flynyddoedd. Un o'i chyd-athrawon oedd y llenor a'r bardd Gwynfryn Morgan o Gwm Cynon. Yn stryd Maes-y-Graig y bu'r llenor-hanesydd Walter Haydn Davies, cyn-brifathro Ysgol Ramadeg Dechnegol Bargoed yn byw. Ysgrifennodd dair cyfrol hunangofiannol am ddylanwad y cymoedd ar fywydau pobl. Casglodd hefyd faledi'r glowyr.

O ddal i fynd yn eich blaen fe ddewch at Fargoed. Yn y dref hon yn 1909 y ganed George Fisher – sylfaenydd y Theatr Fach yn Llangefni, Ynys Môn. Ymgeisiodd am y goron yn Aberdâr yn 1956 a rhannodd y wobr am y ddrama hir yn y Rhyl yn 1953. Yn y ddwy gystadleuaeth synhwyrwyd mai ail-iaith iddo oedd y Gymraeg.

Yn 1927 gwelodd Iorwerth C. Peate olwg druenus ar dref Bargoed a phitio wrthi, a chyhoeddodd gerdd am ei deimladau yn *Y Cawg Aur a Cherddi Eraill*. Yma y ganed y bardd Eingl-Gymreig John Tripp.

Ewch drwy'r dref heibio i'r hen *Emporium* a saif ar y *Pier Head*. Yma y bu'r prifardd Trefin yn deiliwr wrth iddo atgyfnerthu ar ôl y Rhyfel Byd Cyntaf. Yn 1921 aeth i Goleg Caerleon, Casnewydd i hyfforddi i fod yn athro.

Ewch i lawr at draphont Bargoed, ymuno â'r B4511 a chroesi afon Rhymni a dringo i fyny i Aberbargoed, cynefin *The Man Who Never Was*, sef y trempyn a ddefnyddiwyd i daflu'r Almaenwyr oddi ar drywydd milwyr Prydain wrth iddynt fwrw iddi i lanio'n Ewrop.

O Aberbargoed ewch ar hyd yr A4049 i Gwmsyfiog ac i gwlwm o bentrefi: Tredegar Newydd, y Brithdir ar draws yr afon, Philipstown ar y llethrau, croesi'r afon yn Nhirphil, trwy bentref Troedrhiwfuwch a chyrraedd Pontlotyn. Bu Owen Wynne Jones (Glasynys, 1802-1870) brodor o Rostryfan yma'n gurad am dymor byr yn 1866. Daeth i Bontlotyn o Lanfaethlu, Ynys Môn a symudodd oddi yno i Gasnewydd i olygu'r papur Cymraeg wythnosol, *Y Glorian*. Ef oedd tad y stori fer Gymraeg.

O Bontlotyn teithiwch ar y B4257 ac oddi tan y draphont enwog a thros afon Rhymni i dref Rhymni – pair o ddiwylliant yn y bedwaredd ganrif ar bymtheg a'r ugeinfed ganrif. Ewch heibio i'r olwyn pwll glo sy'n gofeb i bwll glo y Maerdy – y pwll y bu Idris Davies yn gweithio ynddo tan streic fawr 1926. I fyny am y dre sylwch ar y tai newydd sydd wedi eu hadeiladu yn lle yr hen rhai a chwalwyd. Mae ambell ran o'r hen Rymni yn sefyll o hyd serch hynny, ac yn eu mysg mae Capel Moreia a'r tai cyfagos. Bu'r Parchedig J.J. Williams yma'n weinidog o 1897 hyd 1903 pan aeth i Gapel Seilo, Pentre, Cwm Rhondda. Yn 1906 daeth y Parchedig Ffred Jones yma'n weinidog. Ef oedd yr hynaf o Fois y Cilie. Bu'n gweinidogaethu yma tan 1917 pryd y derbyniodd alwad i Dreorci, y Rhondda. Yn Rhymni y ganed ei fab hynaf, y Parchedig Gerallt Jones, bardd a llenor. Yn 1934 y daeth y diarhebol Barchedig Rhys Bowen yn weinidog ar Moreia yr Annibynwyr. Bu'n arweinydd eisteddfodau ac yn flaenllaw yn sefydlu'r Ysgol Gymraeg yn y dref.

O Gapel Moreia ewch i fyny at 7 Victoria Place. Yma y bu farw Idris Davies yn 1953 wedi cystudd hir. 'Daeth i gael ei ystyried yn gynrychiolydd barddoniaeth Cymoedd Glo De Cymru yn ystod hanner cyntaf yr ugeinfed ganrif,' meddai ei gefnder Islwyn Jenkins, Caerfyrddin yn *Y Bywgraffiadur Cymreig 1951-1970*.

Teithiwch i fyny stryd fawr Rhymni ac oedi wrth rif 100. Yn y tŷ hwn y ganed Thomas Jones C.H., gŵr uchel ei barch yn y gwasanaeth sifil a llenor sydd heb gael y sylw dyladwy hyd yn hyn. Yn ei dair cyfrol hunangofiannol cawn gofnod byw o'i ardal enedigol a'r dylanwadau a fu arno.

Dafliad carreg i fyny'r cwm o'r stryd fawr mae 15 Alexandra Place, Sgethrog, cartref yr englynwr T.J. Harris, englynwr olaf y dref. Daeth dan ddylanwad H.D. Jones yn Ysgol Pengam. Cyhoeddwyd llyfryn o'i waith gan ei gyfeillion yn 1993, sef *Englynion Rhymni a Cherddi Eraill*.

Ymhle yn Rhymni y gwelodd Crwys yr hen ŵr yn ysgubo'r dail tybed? Y weithred honno a'i sbardunodd i ysgrifennu un o'i gerddi enwocaf, sef 'Dysgub y Dail'.

Ewch yn eich blaen drwy Lechryd ac ardal Parc Bryn Bach (safle'r Eisteddfod Genedlaethol yn 1990) cyn gorffen eich taith yng nghyffiniau Blaen Rhymni a tharddle afon Rhymni.

Gellir dychwelyd i lawr y cwm yn ôl i Bwll y Pant drwy ddilyn yr A469 yr holl ffordd.

Ffurflen Ymaelodi
CYMDEITHAS EDWARD LLWYD
Cymdeithas Genedlaethol Naturiaethwyr Cymru

Mae'r flwyddyn aelodaeth yn ymestyn o 1 Gorffennaf hyd 30 Mehefin. Gall unigolyn, teulu, pensiynwr neu fyfyriwr ymaelodi. Dyma'r ffioedd blynyddol:

Unigolyn - £10
Teulu - £12
Myfyriwr/Pensiynwr/Di-waith - £6

Os hoffech dalu eich tâl aelodaeth drwy orchymyn banc, cwblhewch y ffurflen y tu cefn i'r ddalen hon.

Dymunaf i/Dymunwn ni* ymaelodi â Chymdeithas Edward Llwyd. Amgaeir siec/archeb banc* am £.................................. yn daladwy i Gymdeithas Edward Llwyd, sef tâl aelodaeth unigolyn/teulu/pensiynwr/myfyriwr/di-waith* am y flwyddyn gyfredol. (*Dileer yr amherthnasol.)

Llofnod: ....

Dyddiad: ....

Llythrennau bras, os gwelwch yn dda:
Enw(au) (Mr, Mrs, Ms, Dr):

....

Cyfeiriad: ....

....

....

Cod Post: ....

Rhif ffôn: ....

Anfoner y ffurflen at: Iwan Roberts, Yr Ysgrifennydd Aelodaeth, 3 Rhes y Rheilffordd, Rhuthun, Sir Ddinbych LL15 1BT.

Gorchymyn Banc
CYMDEITHAS EDWARD LLWYD
Cymdeithas Genedlaethol Naturiaethwyr Cymru

I: ....

Banc ccc

Cyfeiriad: ....

....

....

Cod Post: ....

Taler i gyfrif banc Cymdeithas Edward Llwyd, Rhif 7031838, Banc Lloyds ccc (30-91-68), Heol y Brenin, Caerfyrddin, Sir Gaerfyrddin SA31 1BW y swm o

£ .... yn ddiymdroi ac ar 1 Gorffennaf bob blwyddyn hyd oni ddileir yr archeb hon.

Rhif fy nghyfrif banc yw ....

a chod y banc yw ....

Llofnod: ....

Dyddiad: ....

Llythrennau bras, os gwelwch yn dda:

Enw: ....

Cyfeiriad: ....

....

....

Cod Post: ....

Anfoner y ffurflen at: Iwan Roberts, Yr Ysgrifennydd Aelodaeth, 3 Rhes y Rheilffordd, Rhuthun, Sir Ddinbych LL15 1BT.